MEDITAÇÕES DIÁRIAS PARA MULHERES QUE AMAM DEMAIS

ROBIN NORWOOD

MEDITAÇÕES DIÁRIAS PARA MULHERES QUE AMAM DEMAIS

Tradução de
Maria Alice Paes Barreto

Rocco

Título original
DAILY MEDITATIONS FOR
WOMEN WHO LOVE TOO MUCH

Primeira publicação em 1995.

Copyright do texto © Robin Norwood

Edição brasileira publicada mediante acordo com a Grand & Associati.

Projeto gráfico: Júlia Menezes
Imagens projeto gráfico: Freepik

Direitos para a língua portuguesa reservados
com exclusividade para o Brasil à
EDITORA ROCCO LTDA.
Rua Evaristo da Veiga, 65 – 11º andar
Passeio Corporate – Torre 1
20031-040 – Rio de Janeiro – RJ
Tel.: (21) 3525-2000 – Fax: (21) 3525-2001
rocco@rocco.com.br | www.rocco.com.br

Printed in Brazil/Impresso no Brasil

Preparação de originais
EBRÉIA DE CASTRO ALVES

CIP-BRASIL. CATALOGAÇÃO NA PUBLICAÇÃO
SINDICATO NACIONAL DOS EDITORES DE LIVROS, RJ

N779m

Norwood, Robin
Meditações diárias para mulheres que amam demais / Robin Norwood ; tradução Maria Alice Paes Barreto. - 1. ed. - Rio de Janeiro : Rocco, 2024.

Tradução de: Daily meditations for women who love too much
ISBN 978-65-5532-440-2
ISBN 978-65-5595-265-0 (recurso eletrônico)

1. Mulheres - Psicologia. 2. Mulheres - Saúde mental. 3. Amor - Aspectos psicológicos. 4. Relacionamento compulsivo. I. Barreto, Maria Alice Paes. II. Título.

24-89247
CDD: 616.858227
CDU: 616.891.7

Meri Gleice Rodrigues de Souza - Bibliotecária - CRB-7/6439

O texto deste livro obedece às normas do
Acordo Ortográfico da Língua Portuguesa.

Para Barb A.,
que plantou a semente

Introdução

A ideia de escrever este livro ocorreu durante a conversa com uma mulher que havia considerado de enorme ajuda a leitura e o estudo do livro *Mulheres que amam demais*. Ela observou que um livro de reflexões lhe teria sido muito útil na época em que, engajada num programa de recuperação, lutava para conseguir livrar-se de um padrão de vida inteiramente construído em cima de relacionamentos dependentes.

Agora você recebe em suas mãos o resultado da sugestão – um manual de primeiros socorros para ajudar a preservar sua sanidade, serenidade e seu senso de humor à medida que você desenvolve um modo mais saudável de viver e amar.

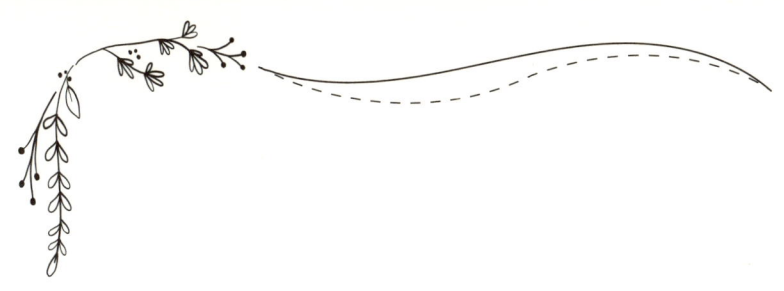

1º DE JANEIRO

Quando amar significa sofrer, é porque estamos amando demais.

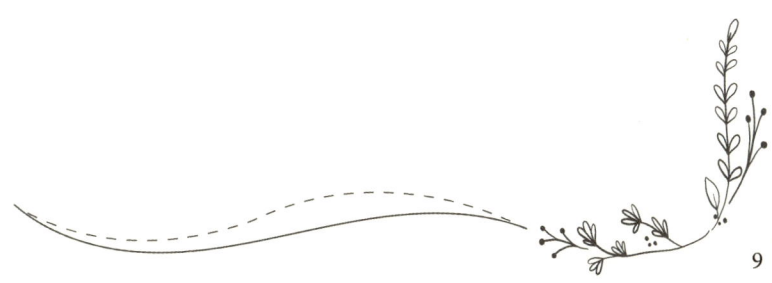

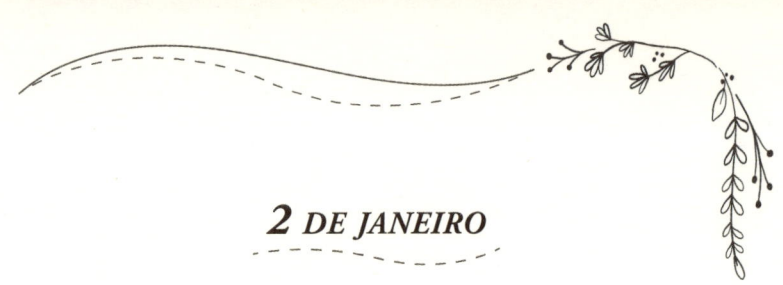

2 DE JANEIRO

Amar se transforma em amar demais quando a outra pessoa é inconveniente, negligente, inacessível, e, mesmo assim, você não consegue desistir dela – na verdade, você a deseja e precisa dela cada vez mais.

3 DE JANEIRO

Uma coisa é fazer uma ou duas escolhas insensatas na nossa vida amorosa; outra coisa é a doença real chamada dependência emocional.

4 DE JANEIRO

Todas as vezes que tentamos impor uma solução para o problema de alguém, estamos amando demais.

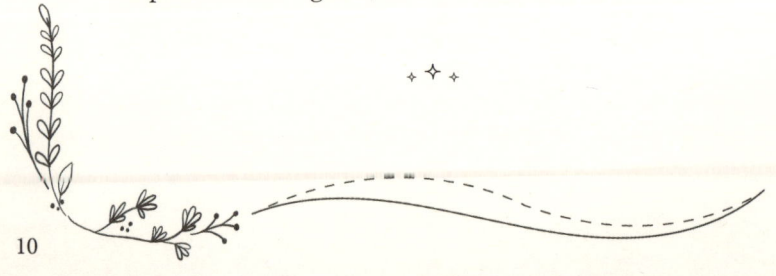

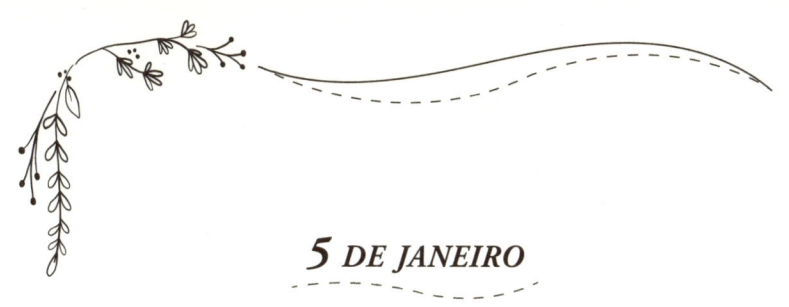

5 DE JANEIRO

Sendo mulheres que amam demais, nós nos comportamos como se o amor, a atenção e a aprovação não fossem válidos, a não ser que consigamos extraí-los de pessoas que, por conta de seus próprios problemas e preocupações, são incapazes de nos dar isso espontaneamente.

✦

6 DE JANEIRO

Assim como pessoas que sofrem de compulsões alimentares, nós, que amamos demais, temos de aprender a fazer de forma sã e equilibrada tudo aquilo que fazíamos de forma obsessiva. Porque ambos, tanto comer quanto amar, são aspectos necessários a uma vida normal; não temos uma definição comportamental precisa para a sobriedade.

A recuperação, portanto, não é um tema em preto e branco, mas cheio de nuances proporcionais à nossa condição de vida e ao comportamento que já tivemos.

✦

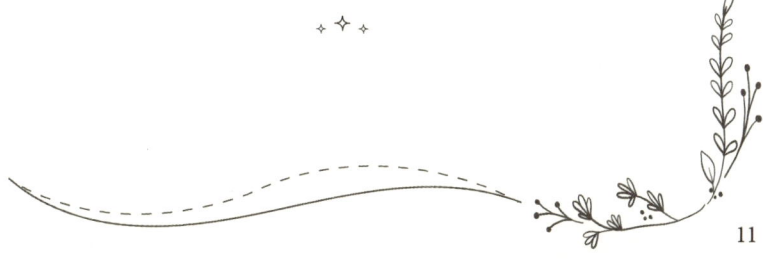

7 DE JANEIRO

Temos de começar nos tornando pessoas *com vontade* de canalizar a energia e o esforço, que anteriormente gastávamos na tentativa de mudar alguém, na direção da nossa própria mudança pessoal.

8 DE JANEIRO

Você, que ama demais, tem de se recuperar por conta própria, mas, quando parar de sofrer, sua recuperação poderá ser tão empolgante que, ao verem como você se transformou, as pessoas vão querer também correr atrás da felicidade delas.

A recuperação pode ser tão contagiante quanto a dependência e a codependência.

9 DE JANEIRO

Se quisermos parar de amar demais, primeiro devemos mudar a maneira de agir, depois a de pensar e, por fim, a de sentir. Se esperarmos até que o sentimento se transforme para nos comportarmos de forma diferente, jamais mudaremos, jamais nos recuperaremos.

10 DE JANEIRO

Nenhuma de nós tem um segredo tão sombrio ou sofreu uma perda tão terrível a ponto de ser única. Os segredos que mantemos impedem nossa recuperação.

11 DE JANEIRO

Citar nossas histórias de infância como *desculpa* para quaisquer comportamentos, atitudes ou qualidades atuais que não são nem um pouco saudáveis é um ato de satisfação pessoal irresponsável.

As circunstâncias difíceis e os efeitos infelizes que os anos da infância nos causaram fornecem *pistas* para as mesmas condições às quais somos destinadas, em toda a vida, a experimentar, ultrapassar, entender e perdoar.

12 DE JANEIRO

A dor é o mais sábio dos mestres que batem à nossa porta.

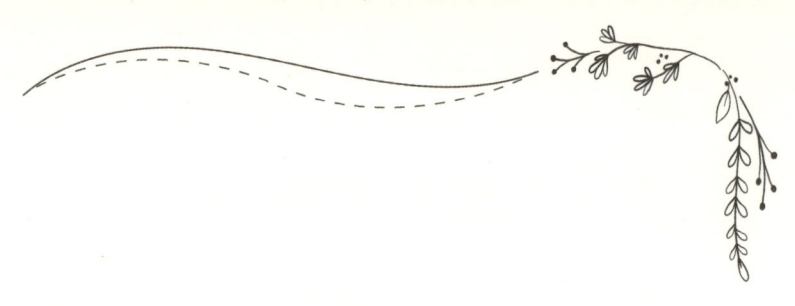

13 DE JANEIRO

Você não pode aplicar a *autoajuda* a um problema quando ainda está, você mesma, sofrendo.

Você precisa muito mais de uma ajuda espiritual do que de uma autoajuda, uma invocação do desejo de Deus mais do que uma grande tolerância por seu egocentrismo.

✧

14 DE JANEIRO

Ninguém pode nos livrar do trabalho que nossa alma nos dá. O problema é quando evitamos ou postergamos esse trabalho.

✧

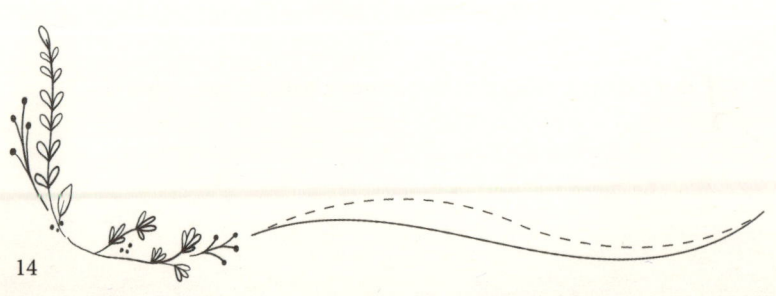

15 DE JANEIRO

É capaz de termos aprendido, quando criança, que o ato de rezar demonstra nossa devoção a Deus e que, se Ele se convencer da nossa sinceridade, nossos pedidos serão realizados.

Ao chegarmos à idade adulta, apesar de toda a experiência, continuamos pensando no rezar com aquela mesma atitude que ficou latente.

Mas rezar não é uma forma de acalmar Deus, de cair em Suas boas graças para conseguir o que queremos. Nosso Poder Superior não pede que rezemos, não fica zangado ou decepcionado se não o fazemos. Não somos obrigados a rezar. A escolha é totalmente nossa.

Quando rezamos, entramos em harmonia com a profundidade do amor, da sabedoria, da compreensão e da inspiração bem maior do que nossos egos podem alcançar.

Quando rezamos, nos aproveitamos da ajuda de um Poder que pode fazer por nós o que, por nossa conta, não podemos.

Quando rezamos, se alinharmos nossos desejos com o de nosso Poder Superior, nossas vidas automaticamente se tornam mais governáveis e experimentamos uma maior liberdade, serenidade e uma enorme paz.

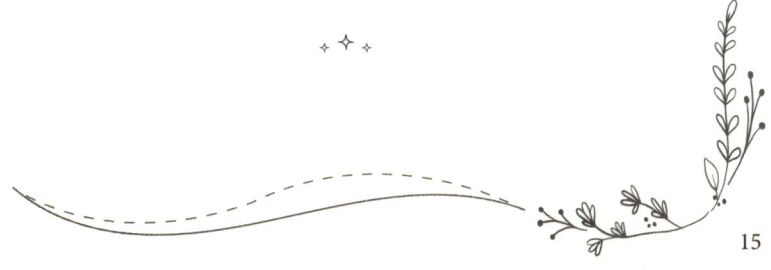

16 DE JANEIRO

Nenhuma outra área da vida é tão arriscada para as mulheres que vivem em sobriedade quanto a dos relacionamentos. A maioria das que tem recaídas o faz por causa de relações afetivas.

17 DE JANEIRO

Podemos também amar demais as crianças. Quando um dos pais exagera no cuidado da criança, esta assume um excesso de responsabilidade pelo bem-estar dos responsáveis.

18 DE JANEIRO

Às vezes, nos punimos quando alguém nos deixa ou quando as circunstâncias mudam ou quando as coisas são tiradas de nós sem jamais nos rendermos voluntariamente, porque ainda não conseguimos enxergar o bem maior que está por vir.

19 DE JANEIRO

Uma das tarefas mais difíceis que você enfrenta na recuperação é aprender a dizer e a fazer *nada*. Quando a vida do outro está incontrolável, quando tudo em você pede para assumir o controle, para aconselhá-lo e encorajá-lo, para manipular a situação da forma que quer, você deve aprender a se controlar, a deixar que a luta seja da outra pessoa e não sua. Seu verdadeiro trabalho consiste em encarar seus próprios medos em relação ao que pode acontecer à outra pessoa e a seu relacionamento se você parar de administrar tudo – e assim trabalhar no sentido de eliminar seus medos mais do que manipular os dela.

✦

20 DE JANEIRO

A dependência emocional é comum até mesmo em relacionamentos homoafetivos.

✦

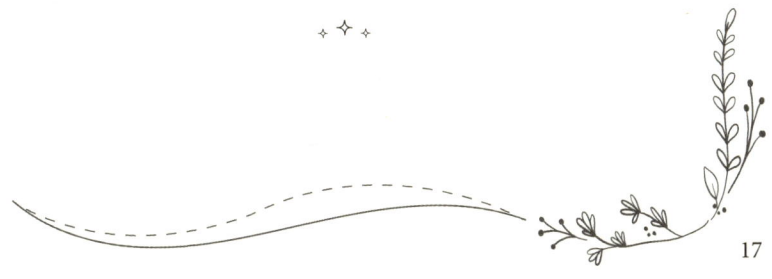

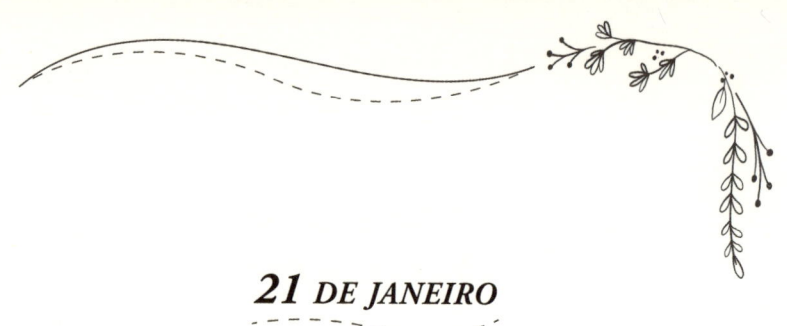

21 DE JANEIRO

Como mulheres que amam demais, é possível apreciarmos funções de coprotagonistas nos romances e melodramas recorrentes que compõem nossas vidas.

Acreditar que tivemos a *mais triste* das infâncias ou o *mais perigoso* dos relacionamentos ou a *mais chocante* das experiências pode se tornar uma forma de nos sentirmos importantes e, assim, recebermos a atenção dos outros. A recuperação pode parecer sem graça em comparação.

22 DE JANEIRO

Quando paramos de amar demais, nossos problemas de relacionamento não são automaticamente resolvidos, mas removemos um enorme empecilho para lidar com as questões cotidianas de maneira saudável e produtiva.

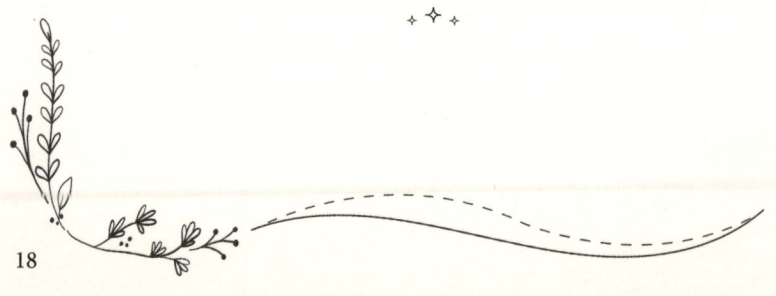

23 DE JANEIRO

Nosso primeiro desejo deveria ser proteger nossa serenidade e bem-estar, mais do que encontrar a pessoa certa. Somente assim estaremos aptas a começar a escolher pretendentes que possam tomar conta de nós incondicionalmente, porque quanto mais curamos nossa ferida e quanto menos *precisamos* do outro, mais aptas estaremos para escolher alguém que não seja tão conturbado ou dependente.

24 DE JANEIRO

Nossas necessidades podem ser satisfeitas de várias formas se abandonarmos o egocentrismo, a autopiedade e a ideia de que somos capazes de extrair tudo o que temos de bom de uma determinada fonte como, por exemplo, um relacionamento.

25 DE JANEIRO

Um dos traços básicos de quem ama demais é a enorme dependência, normalmente disfarçada por uma grande força que só existe nas aparências.

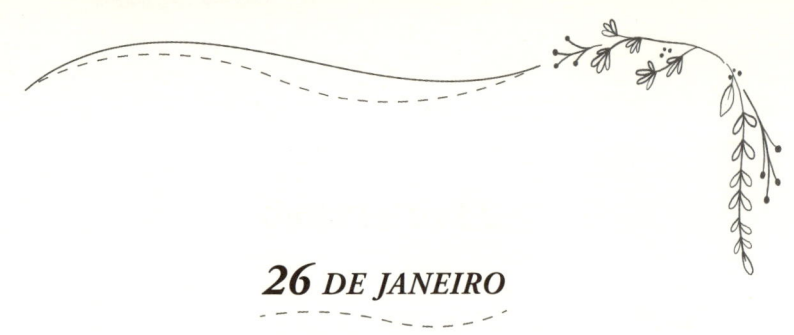

26 DE JANEIRO

Quando alguém que você ama está com um problema, pergunte a si mesma: "De quem é esse problema?"
O seu problema não é o fato de que a pessoa está com um problema, mas o que você *sente* quando participa da luta dela. A não ser que você possa parar de pensar nisso, deve se afastar.

✦

27 DE JANEIRO

Quando você começa o processo de não controlar mais os outros, pode ter a sensação física de que estivesse caindo de um penhasco. A sensação de perda de controle de quando liberta os outros pode ser alarmante. Nesse momento, sua prática espiritual pode ajudar, porque, em vez de cair no vácuo, pode delegar o controle de si e daquele que ama ao Poder Superior.

✦

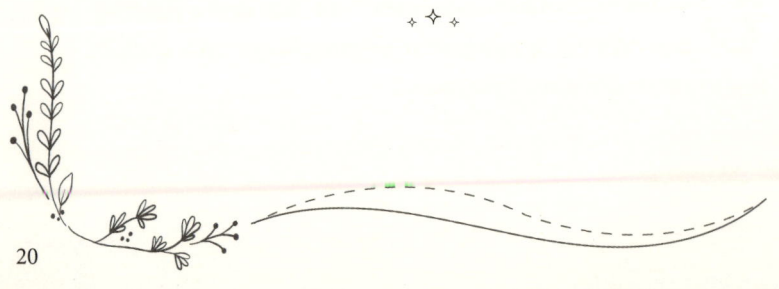

28 DE JANEIRO

Por sabermos que os dependentes emocionais têm a necessidade de ser úteis, podemos impedir que isso se prolifere em outras pessoas comprometendo-nos em colocar essa ideia em prática:

Lembre-se de que a jornada do outro está nas mãos de Deus, *assim como a sua.*

✦

29 DE JANEIRO

Grande parte da insanidade e do desespero que você experimenta vem diretamente do seu desejo de controlar aquilo que é incontrolável — o outro e sua vida. Pense em todas as tentativas que você fez: os discursos intermináveis, os apelos, as ameaças, os subornos, até mesmo atitudes agressivas. E lembre-se também de como você se sentia após cada tentativa infrutífera. Sua autoestima desabava, e você se sentia mais ansiosa, mais abandonada, mais cheia de raiva. O único caminho é a entrega, porque talvez o outro nunca mude apesar de toda a sua pressão. Mesmo que se disponha a ouvi-lo dizer que você é a razão pela qual ele está abandonando um certo tipo de comportamento, mais tarde você vai descobrir que também é a razão pela qual ele vai reassumi-lo.

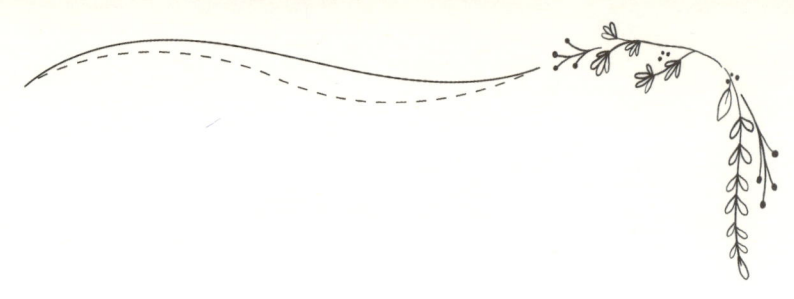

30 DE JANEIRO

Para muitas de nós, o tratamento de recuperação consiste em aprender a fazer exatamente o oposto do que sempre fizemos.

✦

31 DE JANEIRO

Aprenda a viver sem fazer do outro o seu foco principal, seja os problemas dele ou ele como solução desses problemas.

✦

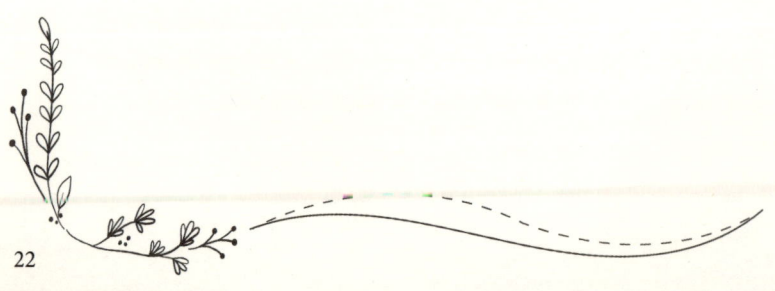

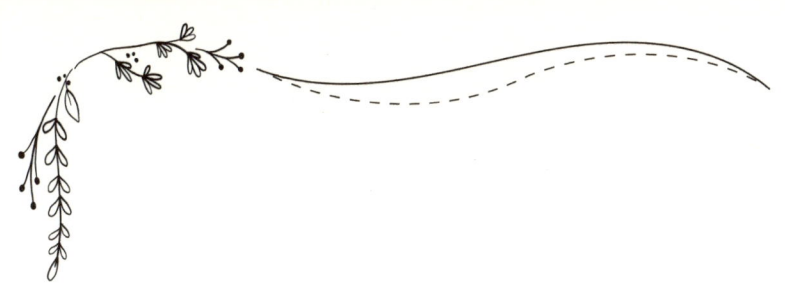

1º DE FEVEREIRO

A melhor forma de preparar o seu futuro é adquirindo maior compreensão e aceitação de você mesma e de todos aqueles que fazem parte da sua vida.

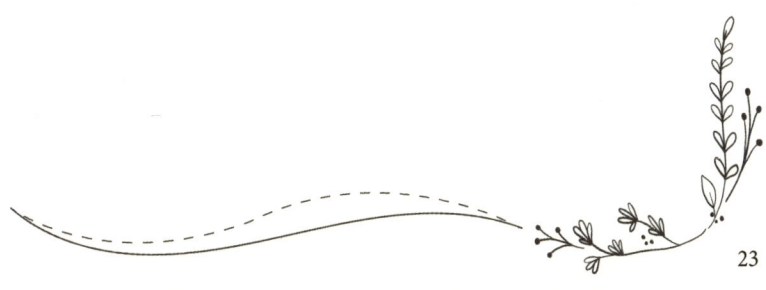

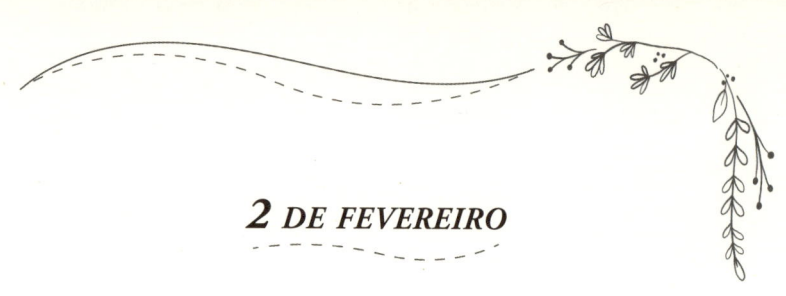

2 DE FEVEREIRO

Cometemos um grande erro quando rezamos a nosso Poder Superior pedindo uma determinada pessoa, alguma coisa material ou certos resultados, uma vez que não podemos saber tão bem quanto Ele o que é realmente melhor para nós.

Em vez de pedirmos para sermos donas desta ou daquela coisa específica ou de determinada pessoa ou para que algo nos aconteça, nossas orações deveriam ser sempre dirigidas para melhorar nosso caminho espiritual.

3 DE FEVEREIRO

Quando você confronta uma pessoa de quem quer certo tipo de resposta, você não a está confrontando – está suplicando, talvez com raiva.

Quanto mais você deseja uma reação específica de uma pessoa, mais dependente dela fica para conseguir se sentir bem – e mais provavelmente encontrará nela somente suas defesas.

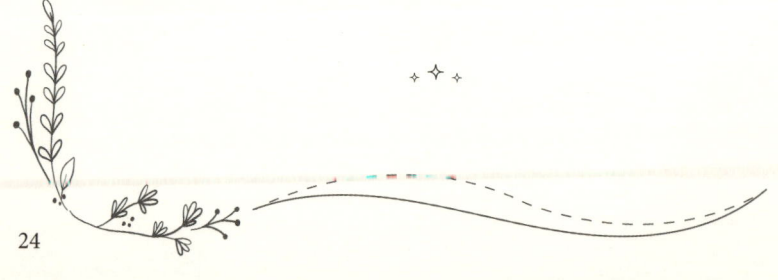

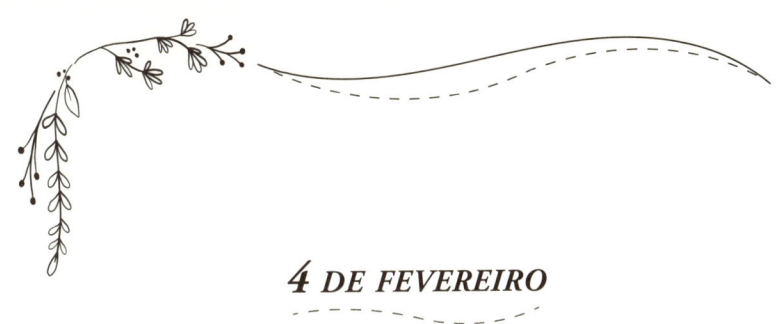

4 DE FEVEREIRO

Reze pela vontade, pela força e pela coragem de reavaliar honestamente o seu passado – e sua responsabilidade por ele.

O espírito ouve suas súplicas para limpar a casa e colabora para trazer à luz as dores engessadas do passado, ajudando-a a se livrar delas conscientemente.

Assim que sua vontade de perdoar o passado for realmente verdadeira, você verá um grande avanço de entendimento, e a dor daquele passado se desvanecerá.

5 DE FEVEREIRO

A recuperação para quem ama demais é um trabalho espiritual exigente que requer a renúncia das nossas velhas e, quase sempre, custosas raivas possessivas e do nosso autoritarismo.

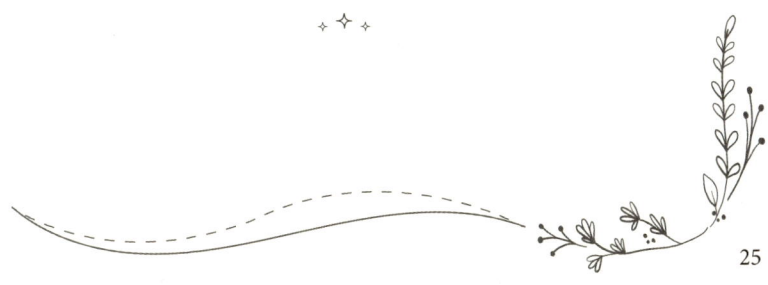

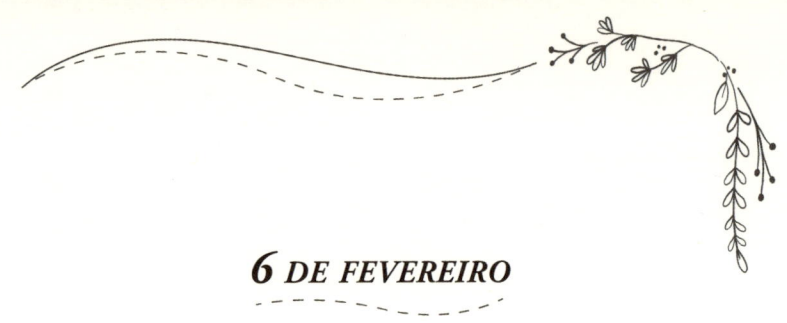

6 DE FEVEREIRO

Assim como nossas almas tentam aprender suas lições para chegar à perfeição, elas escolhem as condições de vida que lhes darão as oportunidades de fazê-lo. Essa é a razão pela qual você jamais encontrará escrito nos ensinamentos espirituais que alguém tem culpa pela sua condição de vida atual.

7 DE FEVEREIRO

Quando você para de tomar conta da outra pessoa e passa a tomar conta de si, o outro na relação amorosa pode ficar muito bravo e acusá-la de não gostar mais dele. Essa raiva é oriunda do pânico que ele tem de se responsabilizar pela própria vida. Enquanto puder brigar com você, fazer promessas ou tentar fazer você voltar atrás, a luta dele é externa, com você, e não interna, consigo mesmo. Devolva a vida da outra pessoa e recupere a sua.

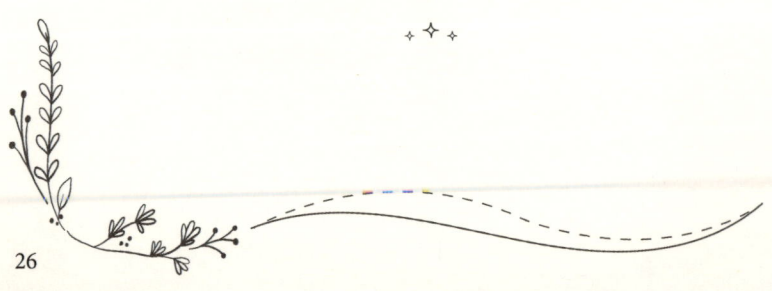

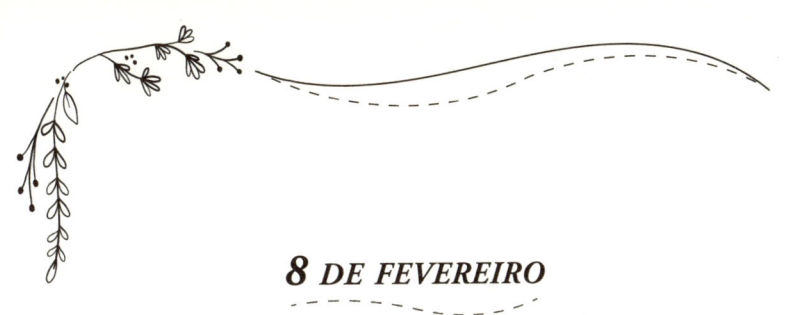

8 DE FEVEREIRO

À s vezes os dependentes emocionais preferem relacionamentos fantasiosos em vez de tê-los com indivíduos reais.

Escolher se concentrar em pessoas indisponíveis é uma grande forma de evitar os testes de intimidade.

✧

9 DE FEVEREIRO

Raiva e ódio por uma pessoa são sentimentos que nos amarram a ela com correntes de ferro.

A não ser que possamos perdoar, voltaremos ao mesmo relacionamento inadequado ou nos envolveremos em outros semelhantes, e viveremos nosso drama pessoal mais e mais vezes.

Mas, ao perdoar e pedir perdão (ou dar satisfação), nos libertamos e somos libertos.

✧

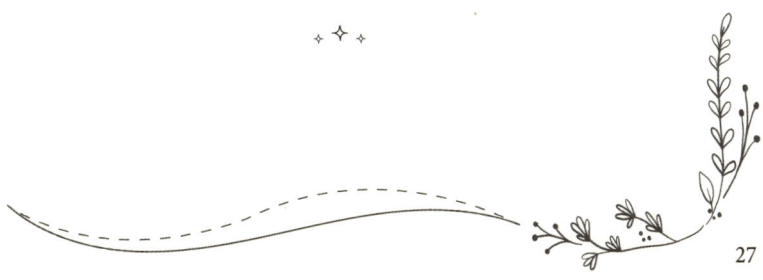

10 DE FEVEREIRO

Se a lição da sua alma é perdoar, você primeiro precisa experimentar o imperdoável. Se não for assim, onde fica a lição?

Agradeça e perdoe e, pelo menos em seu coração, *peça perdão aos* homens e mulheres contra quem você sempre lutou e brigou no passado.

Quando *perdoamos*, trocamos o *mal* pelo *bem*, e assim terminamos a nossa lição.

11 DE FEVEREIRO

Quando uma mulher que ama demais desiste da cruzada de mudar a pessoa da sua vida, ela, então, fica à mercê das consequências de seu próprio comportamento. Uma vez que a mulher não está mais frustrada ou infeliz, e sim ao contrário, está se tornando cada vez mais entusiasmada pela vida, o contraste com a existência problemática do outro se intensifica. Não importa o que ele, então, decida fazer, mas, ao aceitá-lo exatamente como é, a mulher se liberta, de uma forma ou de outra, para viver a própria vida – feliz para sempre.

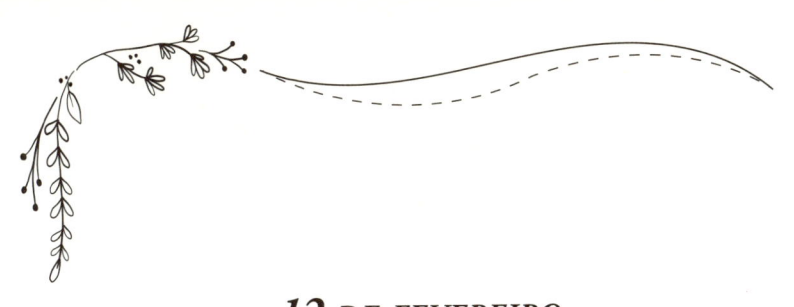

12 DE FEVEREIRO

Perdoar não significa permitir que sejamos feridas de novo: significa, entre outras coisas, livrar-se de tomar como pessoais as ações dos outros.

Longe de nos tornarmos pessoas fracas que podem ser pisoteadas por outras, o perdão nos liberta de forma a nunca mais nos permitirmos ser feridas de novo.

✧

13 DE FEVEREIRO

Todas as doenças da dependência, incluindo amar demais, implicam tanto a violação do nosso sistema de crenças quanto a inabilidade de nos curarmos ou mudarmos por esforço próprio. Devemos vencer o egocentrismo e pedir ajuda ao Poder Superior.

✧

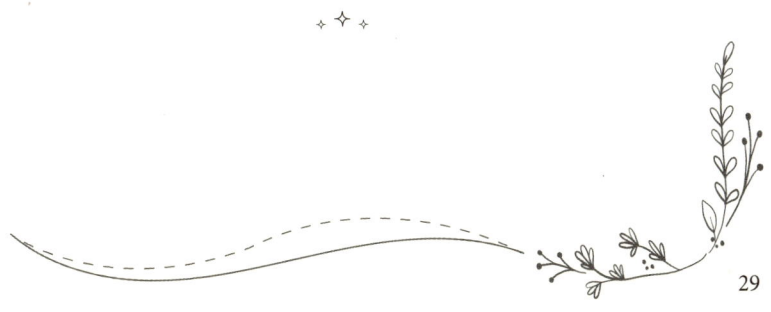

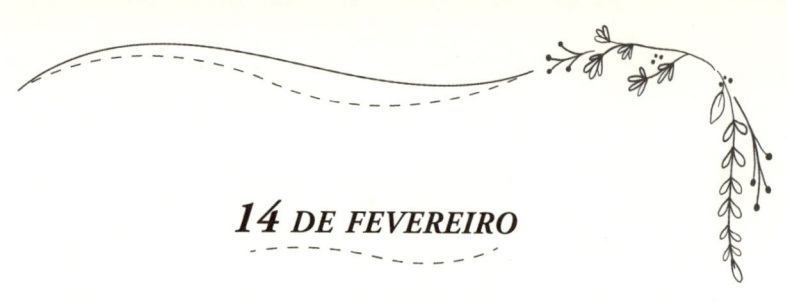

14 DE FEVEREIRO

Na pior das hipóteses, nós, mulheres que amam demais, somos dependentes emocionais, "viciadas em relacionamentos" ligadas por dor, medo e piedade. Como se isso não bastasse, o outro pode não ser a única coisa a que devemos ficar agarradas.

Nem todas as mulheres que amam demais também comem demais ou bebem demais ou usam drogas demais; para aquelas que o fazem, a recuperação da dependência emocional é feita simultaneamente à recuperação de qualquer outro tipo de dependência.

Cria-se um círculo vicioso quando a dependência física de alguma substância é exacerbada pelo estresse de um relacionamento doentio, e a dependência emocional num relacionamento é intensificada pelos sentimentos caóticos engendrados pela dependência física.

Costumamos ficar sozinhas ou sem a pessoa errada para explicar ou dar uma desculpa para nossa dependência física. Inversamente, nosso uso contínuo de substâncias químicas nos permite tolerar nosso relacionamento doentio ao entorpecer a dor e roubar nossa motivação necessária para a mudança.

Culpamos um no lugar do outro. Usamos um para lidar com o outro. E permanecemos cada vez mais dependentes de ambos.

✧ ◇ ✧

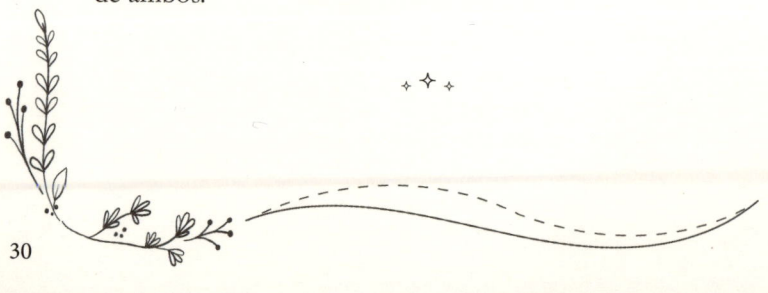

15 DE FEVEREIRO

Sua alma lhe reservou esta vida para você aprender os seus ensinamentos. Seja grata por todas as pessoas que têm sido seus mestres.

16 DE FEVEREIRO

Muitas mulheres cometem o erro de procurar alguém com quem possam se relacionar antes de começarem a se relacionar consigo mesmas; elas pulam de um relacionamento para outro, sem saber o que está faltando. A busca deve iniciar em casa, consigo mesma. Ninguém pode nos amar o suficiente para nos completar se não nos amarmos, porque, quando procuramos pelo amor nesse enorme vazio, achamos somente mais vazio.

17 DE FEVEREIRO

Se a dependência é o caminho para Deus, então devemos ser gratas por essa jornada.

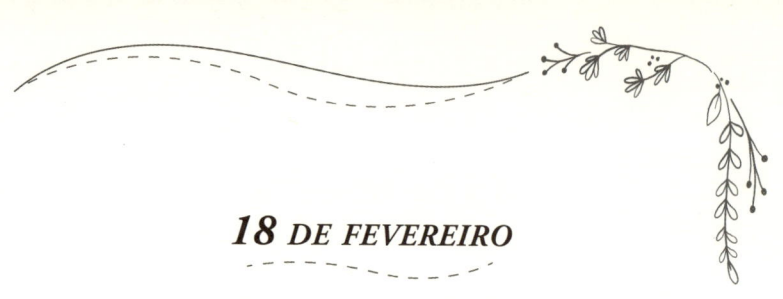

18 DE FEVEREIRO

O Programa dos Doze Passos nos fornece o *ponto de partida* para a recuperação das nossas dependências, incluindo a emocional. E o aconselhamento serve como complemento, nunca o contrário.

✧

19 DE FEVEREIRO

A experiência diz: quanto mais difícil for para você terminar um relacionamento ruim, mais você vai descobrir sobre a sua criança ferida. Quando ama demais, provavelmente está tentando superar velhos medos, raiva, frustração e dores da infância – e tentar parar com isso equivale a se render a uma oportunidade preciosa não só de obter aquilo que estava faltando em sua vida quanto de corrigir os diferentes erros que cometeu.

Entretanto, se você não modificar seus padrões de relacionamento, estará garantindo uma vida adulta tão cheia de dor quanto a da infância – e a vida adulta é bem mais longa...

✧

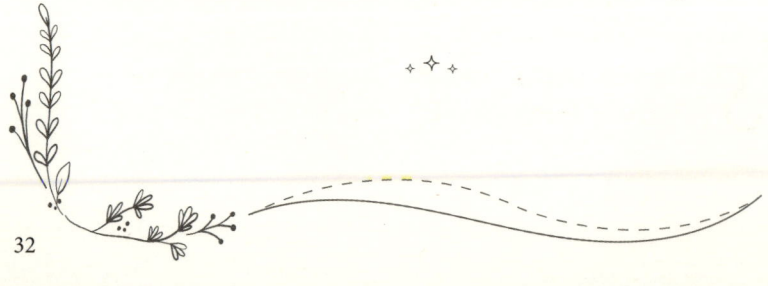

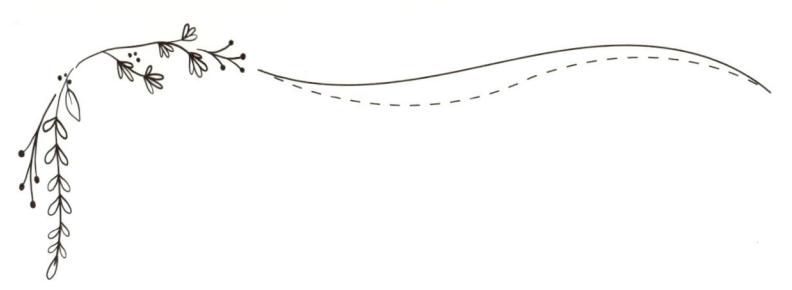

20 DE FEVEREIRO

A possibilidade de contrair doenças em encontros sexuais que fazem parte da enlouquecida procura pela "Outra Metade" decididamente coloca a natureza ameaçadora da vida de dependência emocional em evidência.

✦

21 DE FEVEREIRO

A necessidade de controle geralmente acontece com mulheres que se ligam a pessoas mais jovens, assim como outras que se associam a mulheres bem mais novas.

✦

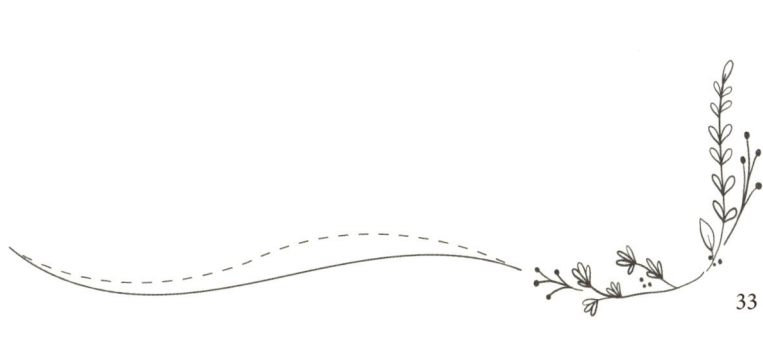

22 DE FEVEREIRO

Existem pouquíssimas pessoas que se relacionam com seus pares de maneira saudável, madura, honesta, não manipulável e não explorável, provavelmente por duas razões: sendo sincera, em primeiro lugar, porque esse tipo de relacionamento na vida real é bem raro. Segundo, uma vez que a qualidade da interação emocional do relacionamento saudável é muito mais tênue do que o conflito espalhafatoso do relacionamento problemático, seu potencial dramático é normalmente esquecido na literatura, nos romances e nas músicas. Se relacionamentos como esse são tão comuns, talvez isso aconteça em parte por ser bem próximo de tudo o que vemos e que conhecemos.

✦

23 DE FEVEREIRO

Nenhum relacionamento pode nos salvar da dor de nosso passado. Enquanto você não conseguir curá-la, ela simplesmente vai repetir a sua história.

✦

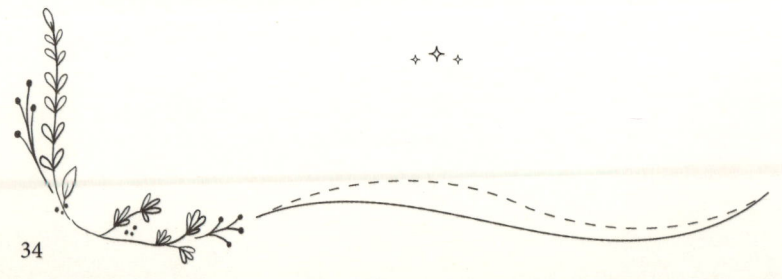

24 DE FEVEREIRO

Dizer à pessoa que ama o que ela deve fazer para ficar com você é uma atitude ingênua e arrogante. Respeite a individualidade do outro. Você está disposta a aceitar isso?

✦ ✧ ✦

25 DE FEVEREIRO

Quando muito prazeroso, o ato sexual tem o poder de criar vínculos profundos entre duas pessoas. Para as mulheres que amam demais, especificamente, a intensidade da briga com o outro pode contribuir para a intensidade da experiência sexual e, como consequência, para a ligação com ele. E o oposto é também verdadeiro. Quando estamos envolvidas com uma pessoa que não implica um desafio, a dimensão sexual pode perder intensidade e paixão. Isso porque não estamos num estado constante de excitação em relação a ela, e, uma vez que o sexo não é usado para provar nada, podemos encontrar um relacionamento mais fácil e mais tranquilo de ser domado. Comparado aos estilos tempestuosos de relacionamento que conhecemos, esse tipo domável de experiência parece apenas confirmar que a tensão, a luta, a angústia e o drama realmente significam um amor "verdadeiro" com essas mesmas características.

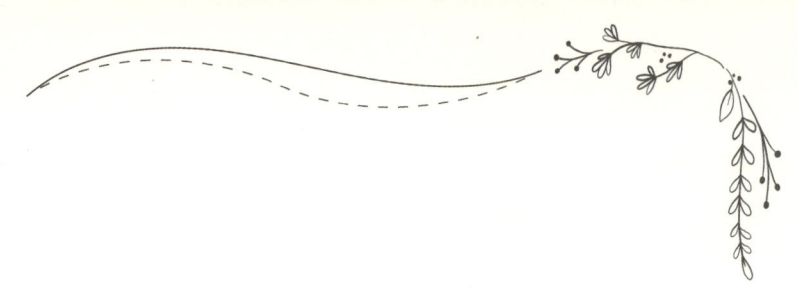

26 DE FEVEREIRO

Há um princípio espiritual que consiste em buscar pessoas que vão concretizar o aprendizado de nossas lições mais urgentes. Quando aprendermos a ultrapassar os problemas *dentro de nós*, nossos "mestres" vão gradualmente desaparecer.

27 DE FEVEREIRO

Quando encerramos a *nossa* parte na luta, é porque a luta acabou.

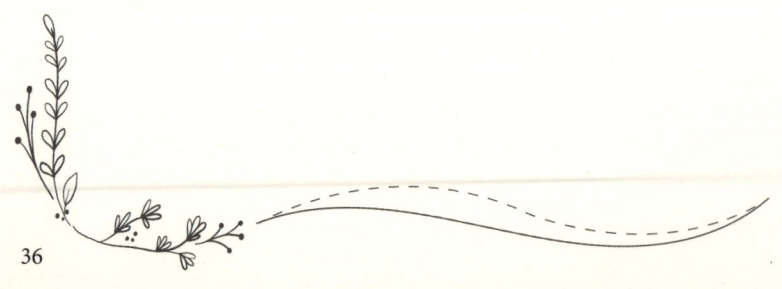

28 DE FEVEREIRO

O tédio é uma sensação que nós, mulheres que amam demais, experimentamos sempre que nos encontramos com pessoas "legais": os sinos não tocam, os fogos de artifício não explodem, não vemos estrelinhas no céu. Na falta de excitação, nos sentimos nervosas, irritadas e estranhas, um estado de desconforto geral mascarado pelo rótulo de *tédio*. Nossas habilidades para relacionamentos são treinadas para desafios, não apenas para apreciar a companhia de uma pessoa. Há um desconforto ainda maior na presença de companheiros, ou companheiras, equilibrados, seguros, alegres, estáveis, emocionalmente distantes, inacessíveis ou desinteressados.

✧

29 DE FEVEREIRO

Lembre-se, muitas dependentes, seja de qual for o vício, não se recuperam. E morrem em consequência dele.
Tente levar a recuperação da dependência emocional tão seriamente quanto a recuperação de uma doença física. Busque ultrapassar qualquer obstáculo para se recuperar.

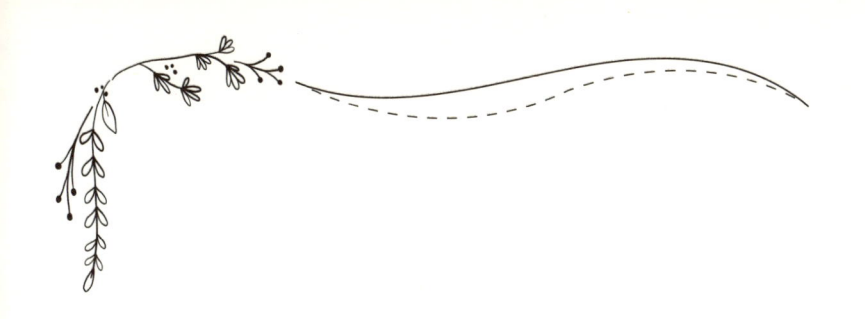

1º DE MARÇO

Quando aceitamos o que não podemos mudar, e mudamos o que podemos, criamos um clima de cura.

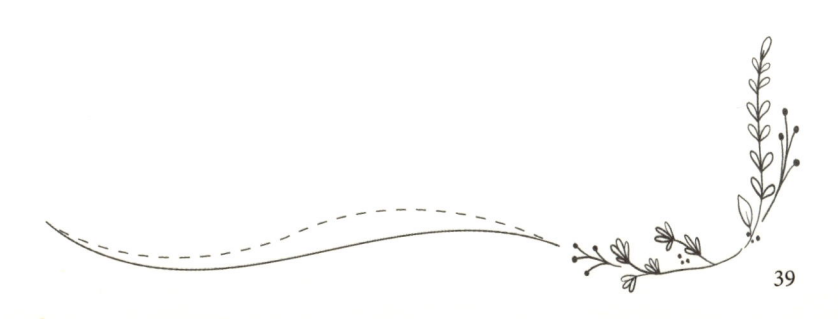

2 DE MARÇO

Se quiser parar de amar demais, você deve deixar de lado a fantasia de ser a pessoa que vai fazer toda a diferença na vida do outro. Essa é uma necessidade *sua*, e não é nada saudável.

3 DE MARÇO

O sexo é uma das ferramentas que nós, que amamos demais, usamos para manipular ou modificar as pessoas com quem nos relacionamos. Comportamo-nos de forma sedutora para conseguir o que queremos, e nos sentimos poderosas quando isso funciona, e muito mal quando não. O fracasso normalmente faz com que sejamos cada vez mais persistentes.

Achamos sempre muito excitante estar envolvidas nas lutas de poder inerentes às nossas tentativas de manipular os relacionamentos de nossas vidas. Confundimos ansiedade, medo e dor com amor e excitação sexual. Chamamos de "amor" a sensação de levar um soco no estômago.

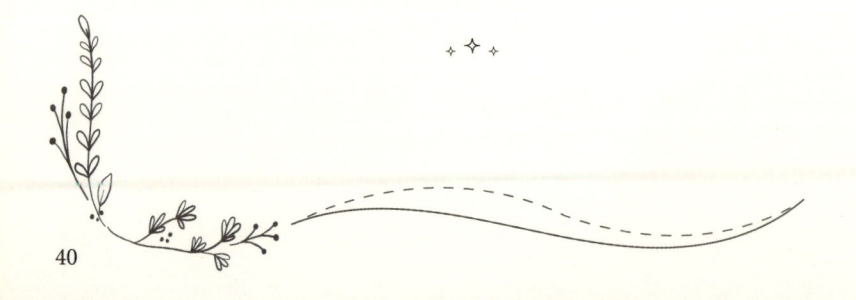

4 DE MARÇO

Jamais faça ameaças que você não poderá cumprir. Na verdade, jamais faça qualquer ameaça.

✧

5 DE MARÇO

Muitas de nós aprenderam que sexo perfeito significa amor verdadeiro, e que, ao contrário, o sexo não poderia ser satisfatório e bem desempenhado se achássemos que o relacionamento em si não fosse correto. Nada poderia estar mais longe da verdade para as mulheres que amam demais. Por conta da dinâmica que opera em todos os níveis de suas interações com parceiros(as), incluindo o sexual, um relacionamento difícil ou impossível pode, na verdade, contribuir para que o sexo seja excitante, apaixonado e irresistível.

✧

6 DE MARÇO

Quando nos sentimos responsáveis pelo comportamento de outra pessoa e não conseguimos suportar nossa culpa ou angústia, é porque estamos precisando de ajuda para *administrar nossos próprios sentimentos incômodos*, e não os da outra pessoa.

7 DE MARÇO

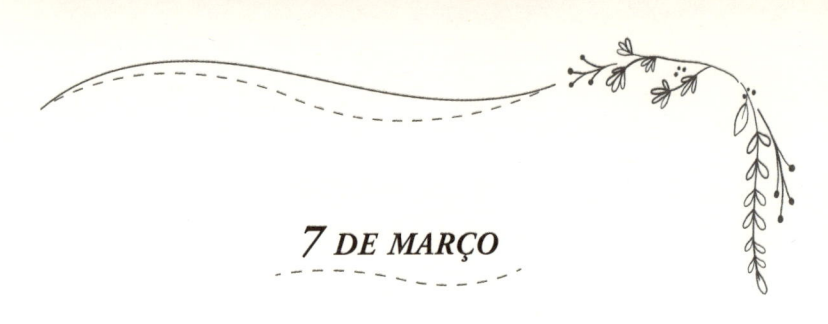

Podemos ser pressionadas a explicar a familiares e amigos como alguém que não é exatamente admirável ou mesmo digno de estima pode, apesar de tudo, fazer brotar em nós um arrepio de expectativa e uma intensidade de desejo jamais igualados ao que sentimos por alguém mais amável ou mais apresentável. É difícil expressar como ficamos encantadas pelo sonho de trazer à tona atributos positivos – amor, cuidado, devoção, integridade, nobreza – que sabemos estarem anestesiados no outro, à espera de se desabrocharem no calor de nosso amor.

Como explicar que não achamos tão atrativa a pessoa que ele *é* exatamente, e sim a que estamos convencidas de que podemos ajudá-lo a *se tornar*? Como podemos admitir para nós mesmas ou para outrem que estamos apaixonadas por alguém que ainda não existe e fascinadas com nosso poder de realizar essa fantasia?

8 DE MARÇO

A maneira mais prática de lidar com as pessoas cujas vidas são incontroláveis é evitar fazer *qualquer coisa* que elas poderiam fazer por si mesmas *se assim o desejassem*.

9 DE MARÇO

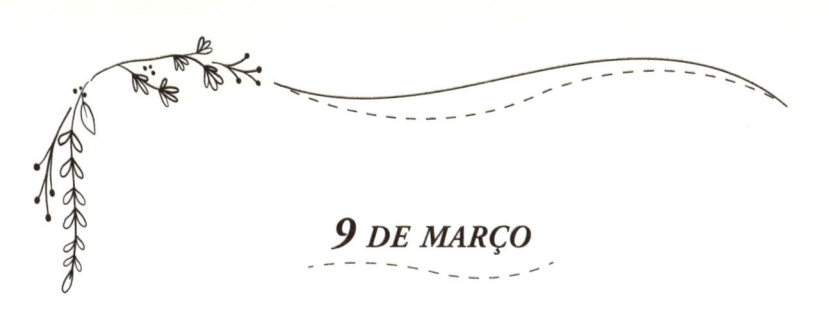

Mulheres que amam demais costumam dizer para si mesmas que a pessoa com quem estão envolvidas jamais foi amada antes, nem por seus pais, nem por parceiros(as) anteriores. Nós vemos o outro como sofredor e rapidamente assumimos a incumbência de arranjar tudo que estava faltando em sua vida muito antes até de conhecê-lo. Tomamos sua inacessibilidade emocional, sua raiva ou depressão, crueldade, indiferença, violência, desonestidade ou dependência como sinais de que não foi suficientemente amado. E aí lançamos nosso amor contra suas faltas, seus fracassos, até mesmo sua patologia. Estamos determinadas a salvá-lo pelo poder de nosso amor.

10 DE MARÇO

Nunca é tarde para curarmos a nós e a nossos relacionamentos, até mesmo aqueles que já se foram. As almas dos outros perseveram, assim como as nossas, e respondem às nossas mudanças.

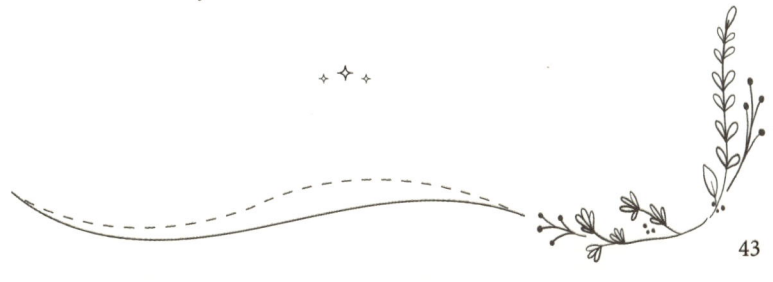

11 DE MARÇO

Tudo que cada uma de nós sabe de verdade sobre criação é aquilo que vivenciamos na infância com nossos pais... e o que aprendemos com eles foi mais sobre o que *não* fazer do que maneiras de ser bons pais.

Temos de avaliar *tudo*, positivo ou negativo, que recebemos de nossos pais porque *tudo*, de certa forma, contribuiu para nossos esforços conscientes nesse difícil trabalho que é amar.

12 DE MARÇO

O que está mais escondido em nós é também o que é mais universal. *Todos* têm segredos que precisam ser expostos e curados, e, à medida que os encaramos, ajudamos a criar um caminho para que outros façam a mesma coisa. Conforme trabalhamos por nossa cura, ajudamos o trabalho de cura no mundo inteiro.

13 DE MARÇO

Não importa quão alarmante ela seja, mas só a informação, simplesmente, não é o suficiente para impedir qualquer tipo de dependência.

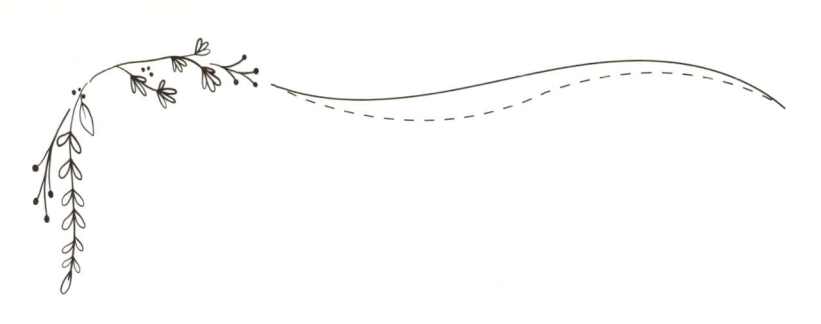

14 DE MARÇO

Ao contrário de outras doenças, a dependência cerca *várias* dimensões da pessoa atormentada: a emocional e a espiritual, assim como a física. Na vida da dependente emocional, não é somente seu relacionamento amoroso que fica afetado. Sua interação com amigos, membros da família, colegas de trabalho e filhos sofre com a sua obsessão pelo relacionamento amoroso. Sua saúde é afetada por um estresse prolongado, e o contato com seu próprio mundo espiritual fica prejudicado.

15 DE MARÇO

Tente de tudo para ajudar a pessoa amada e você se verá brincando de "mãe controladora" com sua "criança levada".

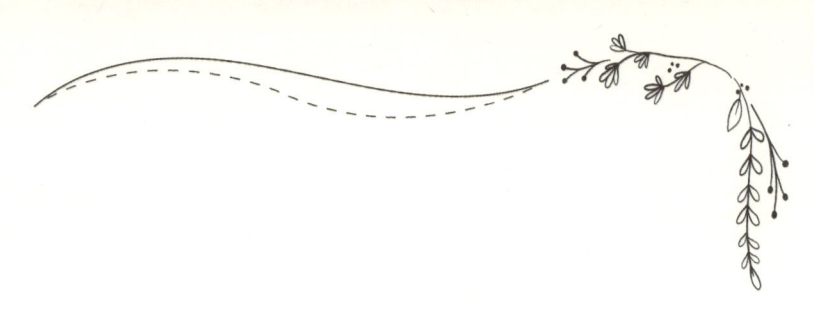

16 DE MARÇO

Poucas de nós, que amamos demais, acreditamos, no fundo da alma, que merecemos amar e ser amadas por nós mesmas. Ao contrário, achamos que temos defeitos ou imperfeições tão terríveis que devemos fazer boas ações para escondê-los. Convivemos com a culpa de termos essas falhas e com o medo de sermos descobertas. Trabalhamos muito, mas muito mesmo, para tentar parecermos boas pessoas simplesmente porque não acreditamos que somos.

17 DE MARÇO

Na dependência emocional, o medo latente de intimidade coexiste com o medo ainda maior de abandono.

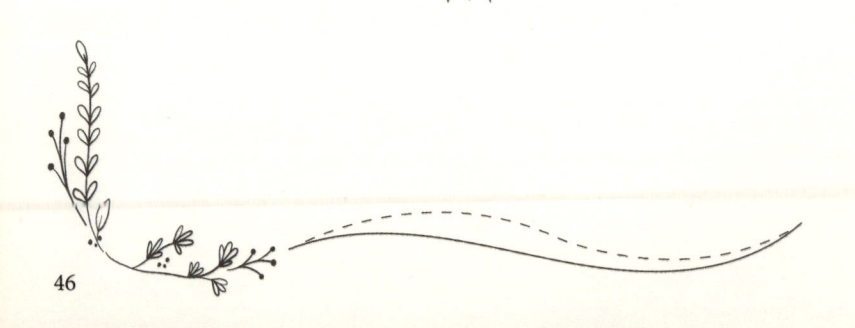

18 DE MARÇO

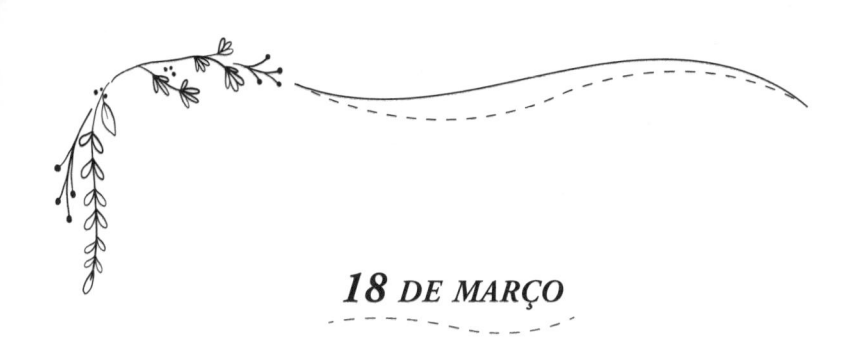

Muitas mulheres que amam demais também comem demais ou gastam demais. As dependências não são entidades discretas; suas raízes físicas e emocionais se sobrepõem. De fato, a recuperação de uma dependência pode fazer com que outra seja intensificada.

Ainda bem que na recuperação os mesmos passos podem se aplicar a outras dependências.

19 DE MARÇO

Mulheres que viveram em lares violentos tendem a escolher parceiros violentos; mulheres que conviveram com o alcoolismo tendem a escolher parceiros dependentes químicos e assim por diante. Uma dinâmica sempre presente na relação dependente é o impulso inconsciente de reviver a luta do passado, e agora para *vencer*.

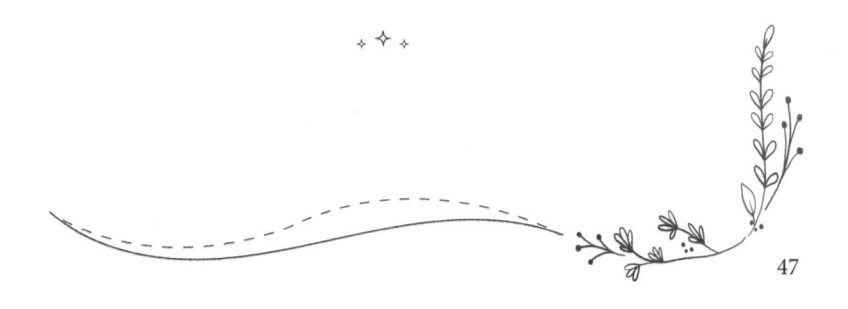

20 DE MARÇO

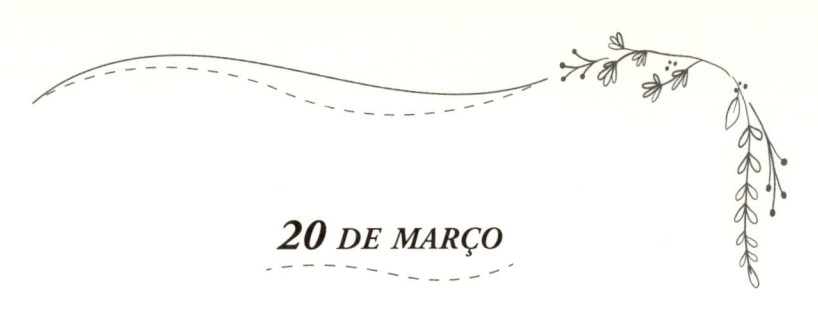

Um punho de ferro em ação nas relações interpessoais pode ser disfarçado pelos papéis alternados de amiga e vítima.

21 DE MARÇO

Até que entendamos no fundo de nossa alma que o outro jamais será a resposta para nossas dificuldades, seremos prisioneiras de nossos próprios modelos de dependência emocional.

22 DE MARÇO

Toda mulher que ama demais pode interromper seu comportamento obsessivo por algum tempo, mas o controle permanente através do autodomínio é uma ilusão; a recuperação real só acontece após a aceitação.

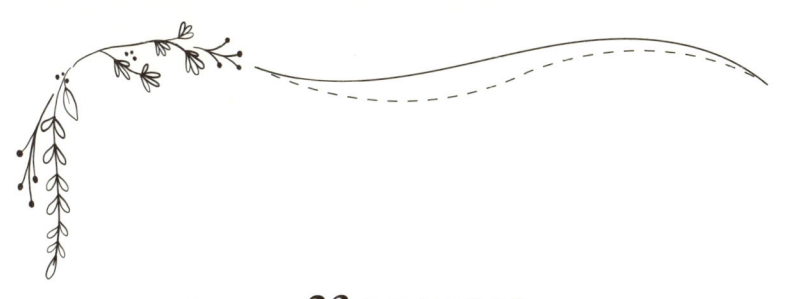

23 DE MARÇO

Não há contingências em relação àqueles por quem nutrimos ligações compulsivas – nossos pais, nossas mães, todo o resto.

Os obstáculos que os pais ou familiares nos impõem são presentes da alma para nossa personalidade. Muitos de nossos mais profundos defeitos de caráter ficam consequentemente corroídos pelos atritos provocados por essas relações inescapáveis.

24 DE MARÇO

Devemos abdicar do papel que nos serviu em algum momento – o de vítima, mártir, salvadora ou vingadora cheia de razão – ou talvez tudo isso ao mesmo tempo.

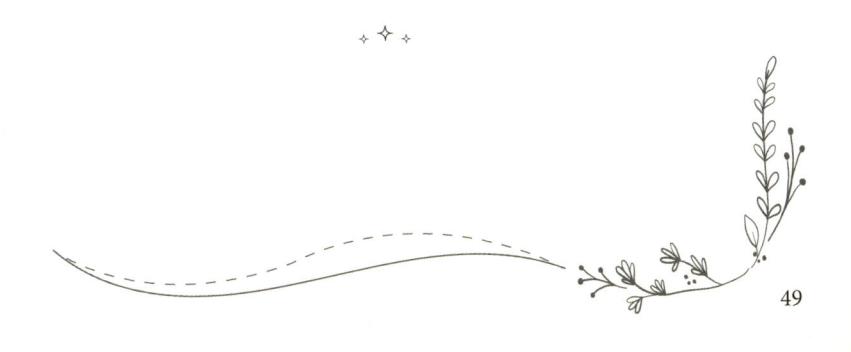

25 DE MARÇO

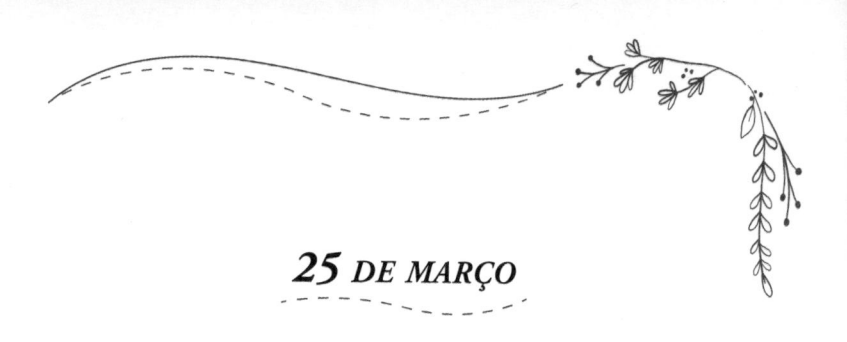

Há uma velha piada sobre um homem míope que perde as chaves tarde da noite e fica procurando-as debaixo do poste de iluminação da rua. Uma outra pessoa chega perto e oferece ajuda, mas pergunta: "Tem certeza de que foi aqui que perdeu suas chaves?" Ele responde: "Não, mas é aqui que tem luz."

Assim como o homem da piada, será que você está buscando algo que falta em sua vida em algum lugar em que não exista a menor possibilidade de encontrar, mas que parece mais fácil de buscar quando se é uma mulher que ama demais?

26 DE MARÇO

Ninguém será a "pessoa certa" até que consigamos nos curar daquilo que, por ser uma guerra de poder, é pura necessidade de ganhar ou perder e depois apontar o dedo da culpa por nossos problemas para outra pessoa.

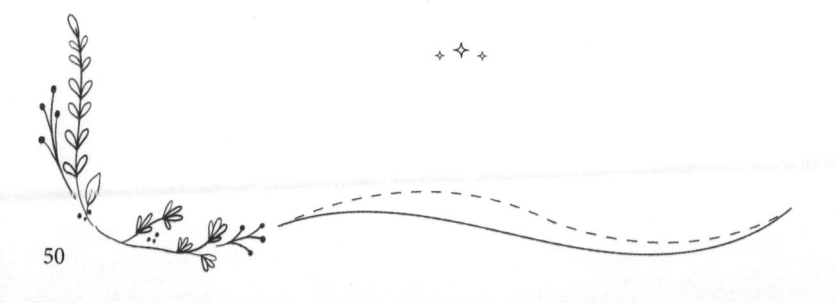

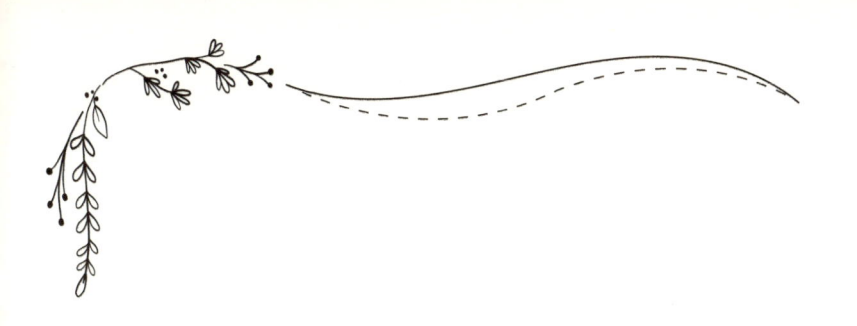

27 DE MARÇO

É irônico como algumas de nós procuram viajar no tempo, para o futuro e para o passado, e de uma parte a outra do planeta, em busca de luz, quando o comando de nossa alma está sempre bem à nossa frente.

28 DE MARÇO

Nada é feito com a intenção de permanecer o mesmo. Se não progredimos, definhamos.

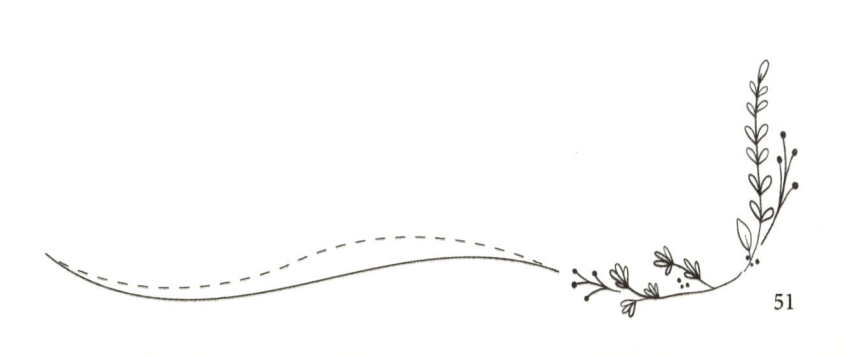

29 DE MARÇO

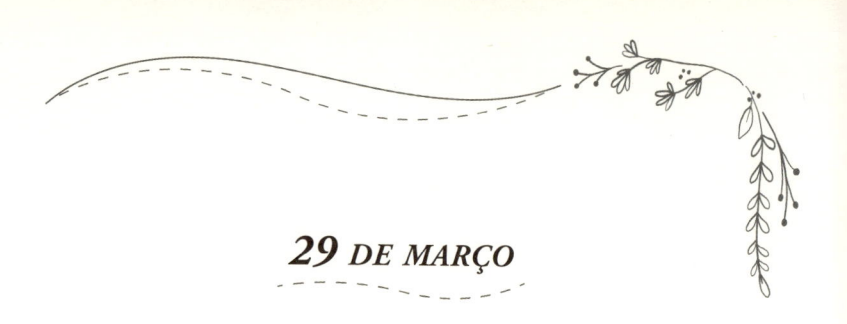

Quando um acontecimento emocionalmente doloroso ocorre e dizemos para nós mesmas que é nossa culpa, estamos afirmando, na realidade, que temos controle sobre aquilo: se mudarmos, a dor cessará. Essa dinâmica está muito além da autocensura nas mulheres que amam demais. Ao nos culparmos, nós nos agarramos à esperança de que seremos capazes de descobrir o que estamos fazendo de errado e corrigir, controlando, assim, a situação e eliminando a dor.

Nossa tarefa é encarar a situação, aceitar a dor, afastar a *ilusão* do controle e pedir ajuda ao Poder Superior.

30 DE MARÇO

Não entramos em relacionamentos significativos por acaso. Somos inexoravelmente atraídas por parceiros com quem temos a oportunidade de aprender nossas lições mais pessoais e interpessoais. Conscientes de que não somos vítimas, nos tornamos voluntárias aos desafios com os quais o amor nos presenteia e que podem acelerar o aprendizado daquelas lições.

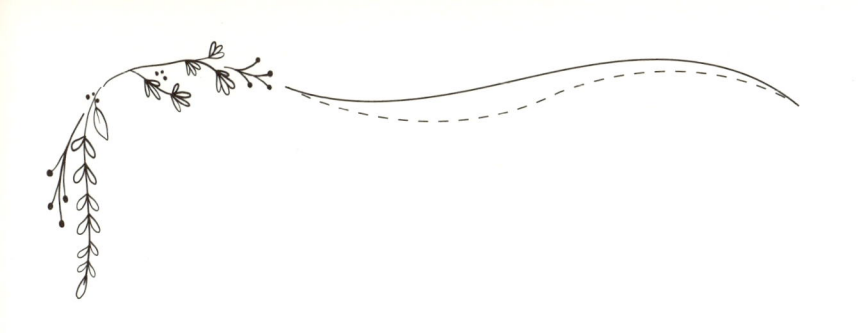

31 DE MARÇO

Quando estamos caminhando rumo à recuperação de amar demais, nenhum passo dado é verdadeiramente pequeno, porque cada um deles pode mudar a rota de nossas vidas.

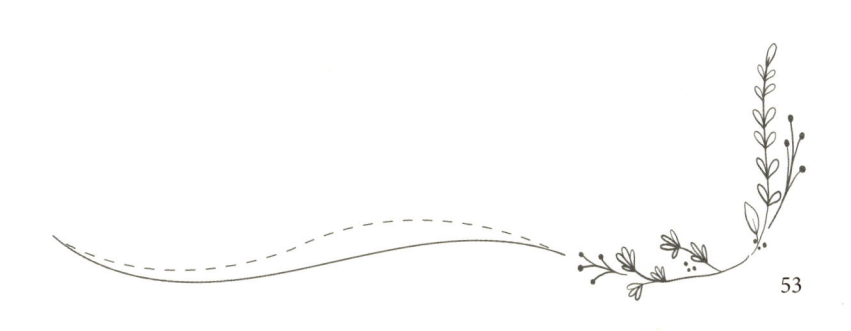

1º DE ABRIL

Devemos lembrar que a vida na terra é uma sala de aula, e, à medida que passamos de ano, os deveres ficam mais complicados.

Cada série da escola da vida é necessária ao progresso do nosso desenvolvimento. Cada uma é um desafio, mas assim que terminamos uma devemos passar para outra. Nenhuma de nós, após aprender tudo de uma série, deseja permanecer nela para sempre. Ao contrário, seguimos com avidez para a próxima.

Assim, se sua vida estiver muito difícil, tente manter a ideia de que seus atuais desafios indicam não apenas o que ainda deve ser estudado, mas também o quanto você já conseguiu superar, o quanto já aprendeu. Aprender a não amar demais é uma lição diferente, por exemplo, de aprender a não roubar.

Aprenda a não exagerar na compaixão. Entregue o egocentrismo e as pessoas que você ama a uma Vontade Superior. Esses desafios são sutis e profundos.

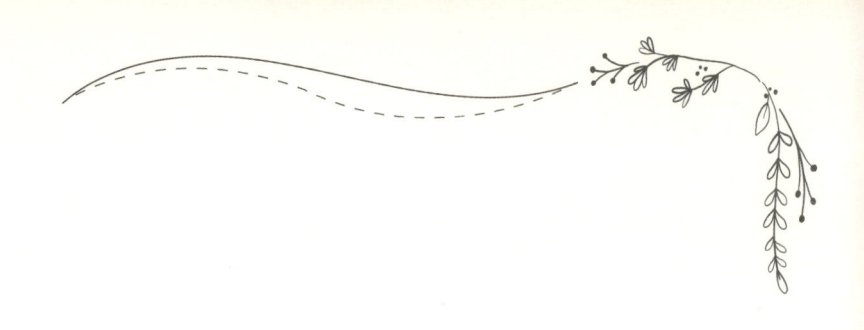

2 DE ABRIL

Uma vez que a natureza parece detestar o vazio tanto nas áreas do comportamento emocional e humano quanto nas das ciências médicas, nós simplesmente não podemos parar de amar demais sem colocar outro comportamento (com sorte, mais positivo) em seu lugar.

✦

3 DE ABRIL

Quanto mais amorosas e generosas formos conosco, menos provável será permitirmos que alguém nos machuque.

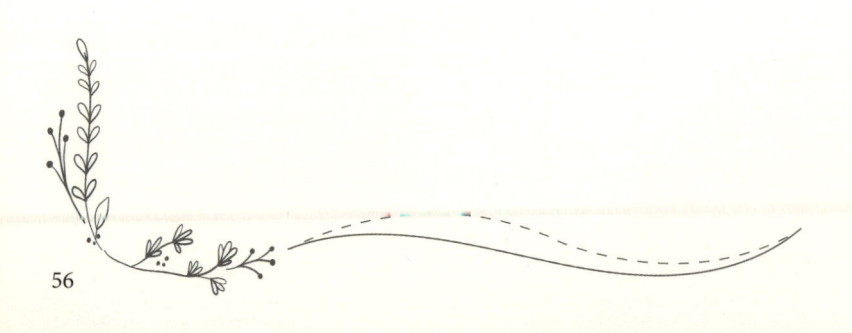

✦

4 DE ABRIL

Se você quer muito proteger as pessoas que ama do sofrimento que acompanha a dependência delas, pense nesta pergunta:

Quem poderia ter me protegido?

Provavelmente muitas pessoas tentaram: amigas, sua mãe, uma irmã ou irmão, talvez até seus filhos... e é bem possível que todos os sinceros esforços dessas pessoas fizeram com que você cavasse um buraco ainda mais fundo.

Aprenda a honrar o processo de transformação na medida em que ele transforma aqueles que você ama – e não interfira.

5 DE ABRIL

Temos o poder de nos dar amor e proteção: não é necessário esperar, vazias, até que outra pessoa chegue para nos abastecer com esses sentimentos.

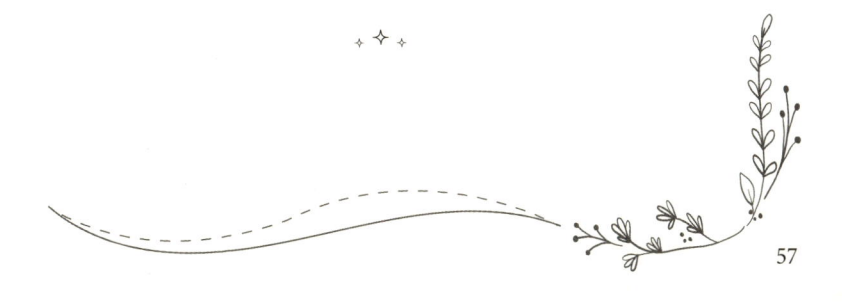

6 DE ABRIL

Tentar se recuperar de uma dependência emocional (ou qualquer outro tipo de dependência) sem fé é o mesmo que tentar subir uma ladeira íngreme de costas e usando salto alto.

7 DE ABRIL

Às vezes o casal deve se separar. Mas, se você seguir com essa decisão sem aprender a lição que o relacionamento está tentando lhe ensinar, terá de enfrentá-la outra vez no próximo relacionamento, e depois no outro.

Quando você consegue aceitar o outro exatamente como ele é, sem raiva ou ressentimento, sem querer modificá-lo ou puni-lo, sem levar em conta o que ele faz ou deixa de fazer pessoalmente, aí sim, consegue penetrar fundo em sua alma e receber o presente que o relacionamento está tentando lhe dar.

Após ter aprendido esse ensinamento, você certamente descobrirá que ficar ou partir não é exatamente a questão mais importante.

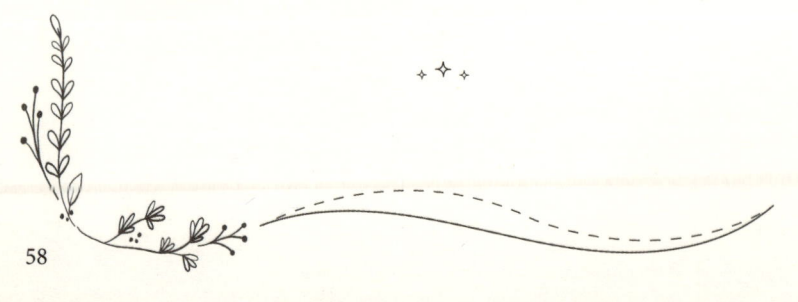

8 DE ABRIL

Quando perseguimos uma pessoa que não pode nos amar, devemos reconhecer que existe aí um elemento predador na busca sexual, um desejo de subjugar a outra pessoa de acordo com nossas conveniências.

9 DE ABRIL

Visto que a recuperação de um relacionamento codependente requer um esforço supremo e difícil de ser medido efetivamente, é muito mais comum para as dependentes emocionais desejar a recuperação sem realmente consegui-la.

É tentador nos sentirmos totalmente recuperadas quando, de fato, mal começamos o que será o processo de uma vida inteira de mudanças e crescimento, luta e autodescobrimento.

Uma das chaves da recuperação é reconhecer que ela (e nós) será sempre um processo, jamais um produto final.

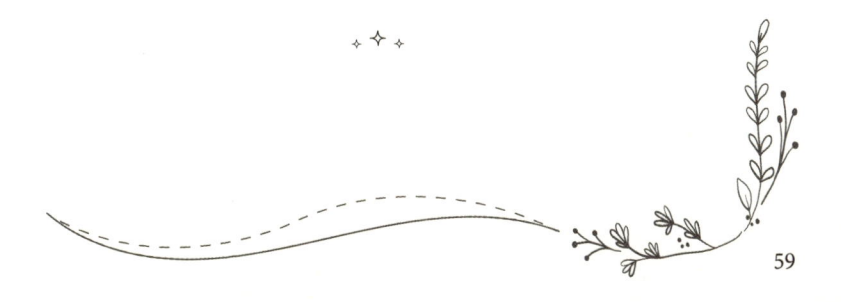

10 DE ABRIL

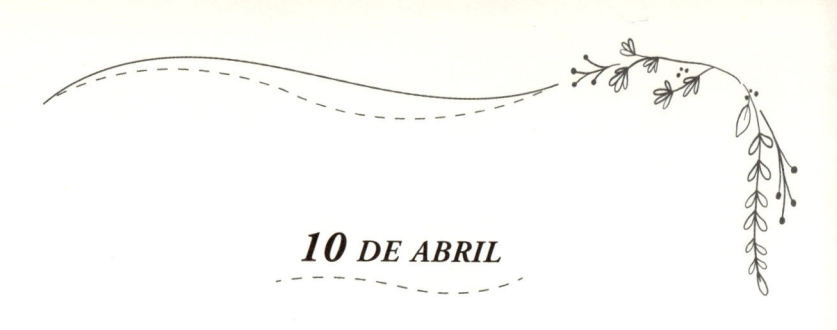

Estamos aqui para crescer, aprender e despertar.

✦

11 DE ABRIL

Se de alguma forma fomos traumatizadas no passado, teremos sempre o (em geral inconsciente) ímpeto de recriar a situação traumática e, agora sim, triunfar, ganhar poderio sobre aquilo que antes nos derrotou.

Quanto maior o trauma sofrido, mais poderoso o nosso desejo de recriá-lo e, dessa vez, vencê-lo. Esse é o caminho da compulsão.

✦

12 DE ABRIL

Na recuperação, jamais entramos em contato para informar ao outro que não estamos mais nos falando.

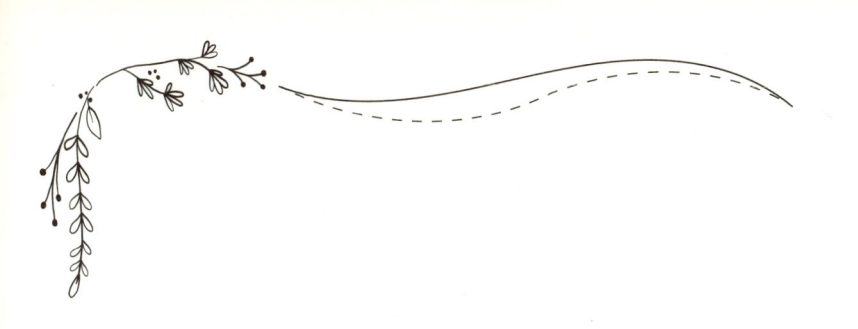

13 DE ABRIL

Aquilo que conhecemos de nossa família de origem será sempre mais satisfatório, *não importa quão tóxica tenha sido*. Escolhemos naturalmente nos relacionamentos adultos aquilo com que já estamos familiarizados. Afinal, essa palavra é originada do conceito de família.

14 DE ABRIL

Se desejamos ajudar, nossa recuperação deve ser sempre prioridade. Se queremos dar alguma coisa, devemos possuí-la primeiro.

15 DE ABRIL

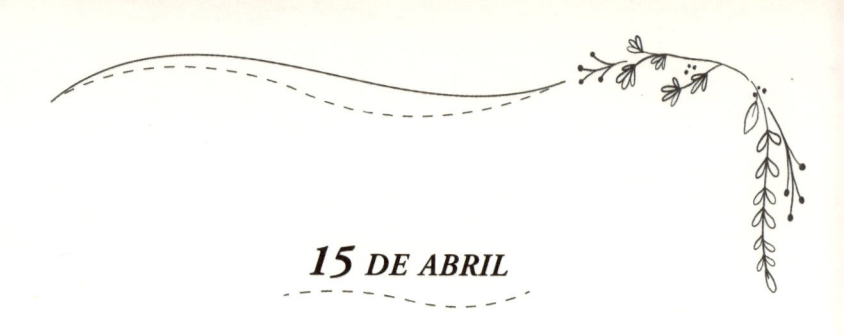

Se você deseja realmente parar de amar demais, deve assumir a responsabilidade sobre o fato de que você *escolhe* com quem vai se relacionar e deve saber que existem lições a aprender nesse relacionamento. A primeira delas é parar de querer mudar a outra pessoa.

O desejo ou a necessidade compulsiva de fazer *alguma coisa* – de efetuar uma mudança no outro – é um dos elementos mais destrutivos no relacionamento dependente.

Responda honestamente: será que todas as tentativas de pressionar o outro para mudar foram amorosas ou coercitivas e manipuladoras?

16 DE ABRIL

Mudar requer não apenas uma decisão extraordinária, dramática e temporária, mas uma rendição diária e muito comprometimento.

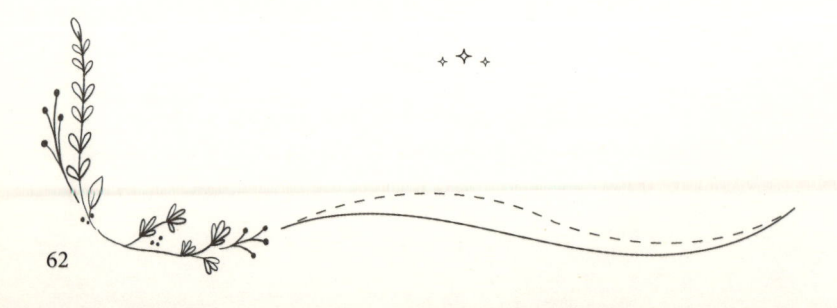

17 DE ABRIL

Quando achamos que temos a solução para os problemas de outras pessoas, que elas estão erradas e nós, certas, estamos sendo *hipócritas*, uma situação que não pode coexistir com a humildade e a renúncia necessárias à nossa recuperação.

Ser hipócrita e acreditar que sabemos exatamente qual verdade corresponde ao certo ou ao errado pode, infelizmente, servir como uma das mais impenetráveis defesas contra o despertar para nossa própria condição.

18 DE ABRIL

Lembre-se: mais do que o amor, a raiva e o medo são o que mantêm as pessoas numa briga doentia entre si.

Uma vez que as pessoas podem se divorciar e ainda assim continuar com essas brigas por anos, o problema obviamente não é tão simples como ficar ou partir.

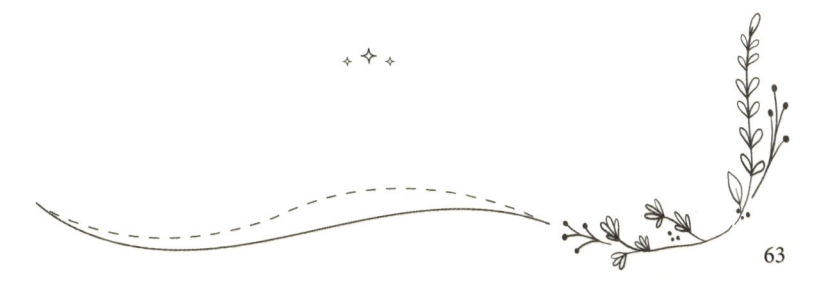

19 DE ABRIL

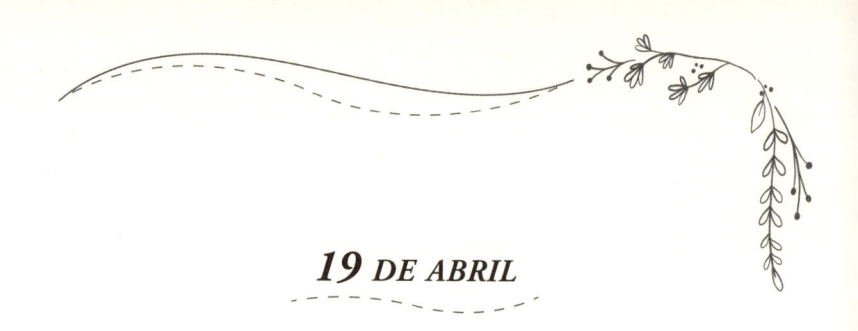

Se nossas relações com outras pessoas têm sido perigosas e dramáticas e começamos a nos recuperar, devemos praticar o desapego, pois o outro pode trabalhar com afinco para nos manter presas à batalha. E aquela parte de nós que ainda deseja vencer pode querer voltar e tentar mais uma vez, percorrendo todos os caminhos que conhecemos tão bem. Mas nós, que somos dependentes emocionais, devemos questionar muito bem nossos motivos para reatar com pessoas perigosas que têm sido as nossas "drogas".

20 DE ABRIL

O que precisamos fazer para proteger nossa própria recuperação não necessariamente aparenta ser, para outros, uma coisa "boa". No entanto, o convívio com as doenças da dependência e da codependência pede que as regras de etiqueta sejam suspensas e as normas da recuperação seguidas.

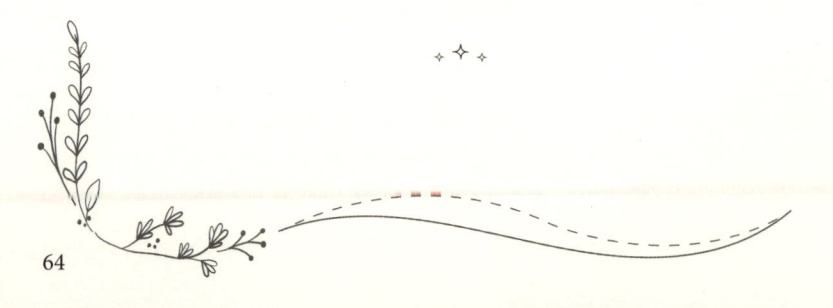

21 DE ABRIL

Não é propriamente o que conversamos com nossas filhas, mas como nos sentimos e agimos, que lhes dá os melhores ensinamentos sobre o que é ser uma mulher. Embora nossa própria recuperação do relacionamento dependente não seja uma garantia de que nossas filhas não venham a repetir nosso padrão, ainda é o mais seguro a se fazer para prevenir a repetição do modelo. De fato, o melhor presente que uma mãe dependente emocional pode dar à filha é a sua própria recuperação.

Não é consolador saber que quanto mais nos cuidamos mais oportunidades criamos para a saúde e felicidade verdadeira de todos ao nosso redor?

22 DE ABRIL

Eis aqui uma adequada definição para dependência: apesar de todas as provas de que alguma coisa não é boa para nós, não conseguimos parar de nos envolver com ela.

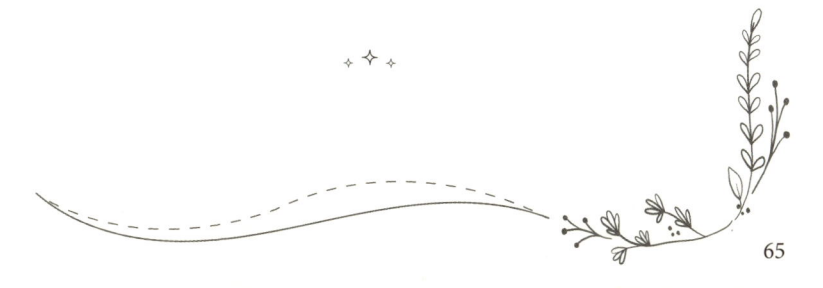

23 DE ABRIL

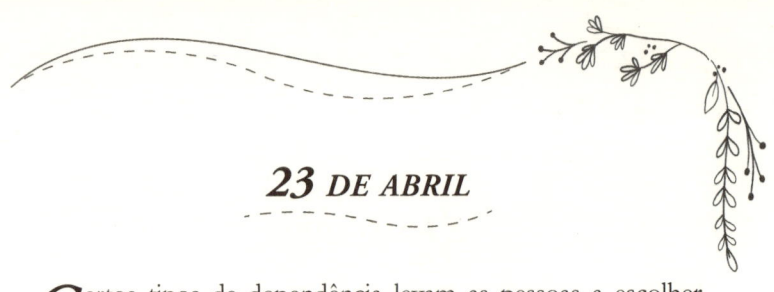

Certos tipos de dependência levam as pessoas a escolher carreiras que são reflexos de suas doenças, porque os dependentes sempre tentam usar a carreira como um escudo. Esconder-se por trás do papel de "especialista" pode ser um meio de se defender contra uma dor e segredos profundos. Como alguém pode ter problemas na área em que é especialista?

Os dependentes emocionais são tipicamente atraídos a exercer carreiras nas profissões de apoio. Muitas de nós que escolhem profissões que envolvem ajudar outras pessoas fazem isso porque já estão prejudicadas. Usamos, então, nosso trabalho como uma forma de nos concentrar na vida e no problema dos outros para evitar olhar para os nossos.

Temos muito o que oferecer aos outros quando estamos com nossa recuperação resolvida.

24 DE ABRIL

Assim que você aprende a tirar sua atenção obsessiva do comportamento do outro, passa a não se divertir com seus próprios problemas, que podem ser intensos. É difícil e assustador, mas você não se recuperará da dependência emocional até encontrar coragem para focar sua própria vida, em vez de focar a do outro.

25 DE ABRIL

Ser uma parceira dependente, para muitas de nós, é mais fácil do que encarar nossa própria condição e iniciar nossa recuperação.

Assim que nossos parceiros começarem a sua recuperação, devemos fazer o mesmo ou então encontrar outra pessoa problemática.

26 DE ABRIL

Qualquer tipo de dependência pode possibilitar a transformação pessoal, porque a recuperação requer a renúncia da vontade pessoal em favor de uma Vontade Superior.

Ninguém pode submeter-se à vontade do outro; sendo assim, ninguém pode realizar a recuperação de outra pessoa. De fato, qualquer uma de nós que tente indubitavelmente tem necessidade de render-se de alguma forma.

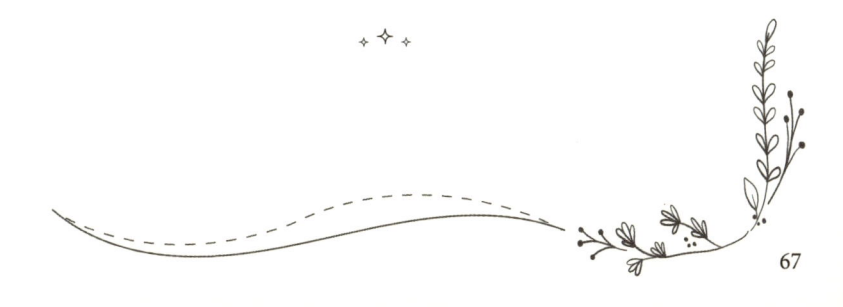

27 DE ABRIL

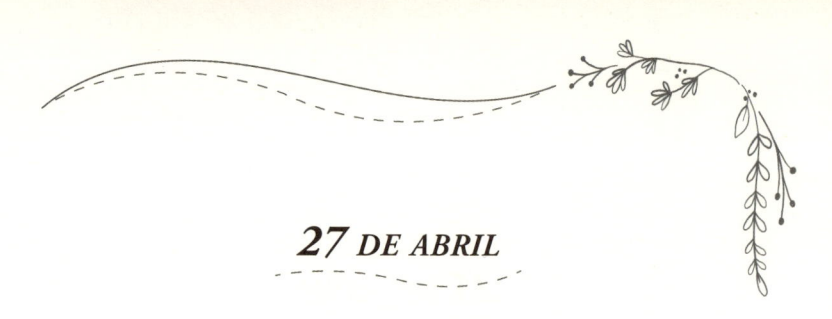

Depois de uma vida inteira de relacionamentos tóxicos, a mulher que ama demais se sentirá sempre pior durante os primeiros passos da recuperação, mesmo que comece a melhorar. Isso ocorre porque ela passa a se livrar de seus velhos modelos de pensamento e comportamento, os quais *devem* mudar de forma que ela se recupere totalmente.

28 DE ABRIL

Toda recuperação é um milagre que acontece por mérito e não por acidente.

29 DE ABRIL

Para alcançarmos a cura, precisamos não apenas enterrar as lembranças de infância, mas todas as nossas escolhas e comportamentos inadequados como adultos.

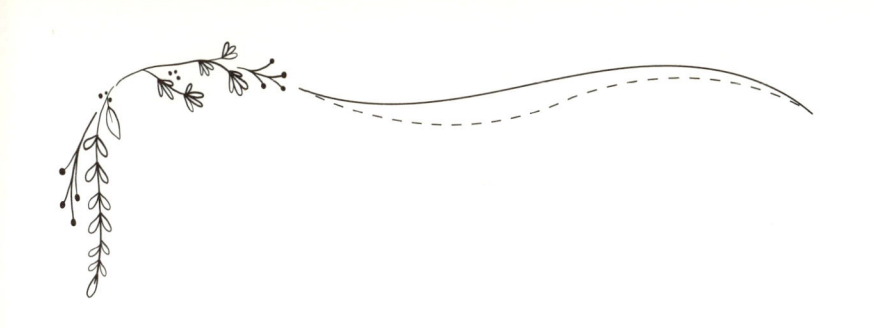

30 DE ABRIL

É comum que as mulheres que amam demais continuem deliberadamente confusas em relação aos comportamentos e inclinações da pessoa amada. Essa confusão é perigosa.

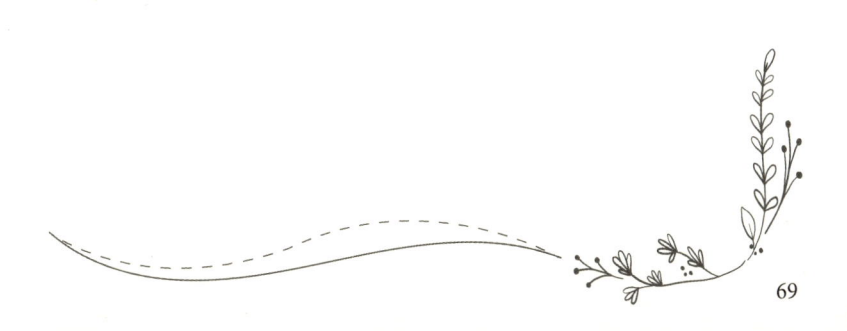

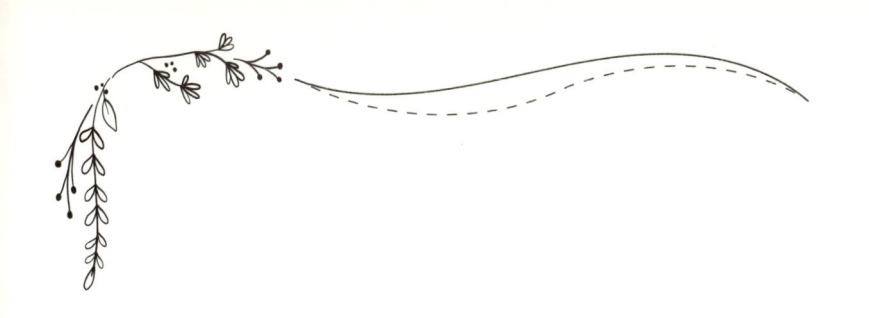

1º DE MAIO

Mulheres que são feministas dedicadas e ao mesmo tempo "viciadas em relacionamentos", devem procurar as raízes tanto de seus princípios políticos quanto de sua condição nas mesmas experiências de infância: exposição e submissão a um pai colérico, agressivo e dominador, e uma mãe ressentida, dócil e mártir.

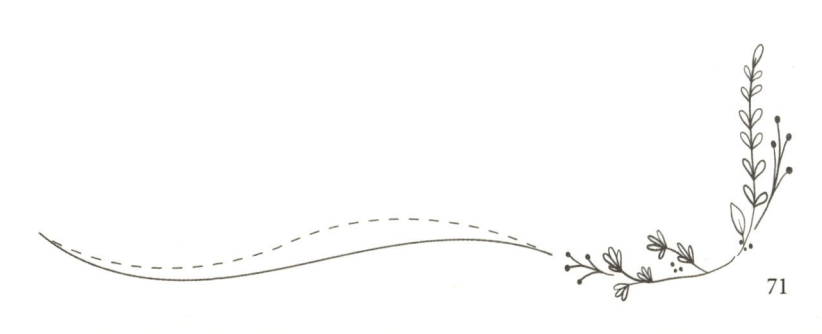

2 DE MAIO

Dependência de qualquer tipo, seja de uma outra pessoa, uma substância ou um comportamento, não é imoral. A dependência simplesmente não carrega juízo de valor, não mais do que qualquer outra doença.

3 DE MAIO

O relacionamento compulsivo perde seu mistério quando considerado como uma necessidade de controle instigante e inconsciente no presente que não foi controlada no passado. Quanto mais esmagadora tenha sido a experiência da infância, maior o desejo inconsciente – e a compulsão – para recriar o mesmo clima ou situação emocionalmente excitante na idade adulta e tentar dominar o relacionamento.

Uma abordagem mais saudável e mais sã é trabalhar para *querer* enfrentar tudo do nosso passado que precise ser lembrado e curado. Quando desejamos enfrentá-lo, nossas lembranças começam a aflorar tão rapidamente quanto somos capazes de governá-las.

Acredite. À medida que nos conscientizamos de parte da nossa história que ficou enterrada, nossas ações relacionadas também ficam mais conscientes. Onde antes havia compulsão, agora há escolha. Pode não ser uma escolha *fácil*, porque renunciar a velhos padrões é incômodo. Mas, quando existe a possibilidade da escolha, repetir comportamentos doentios se torna mais insuportável do que desistir deles.

4 DE MAIO

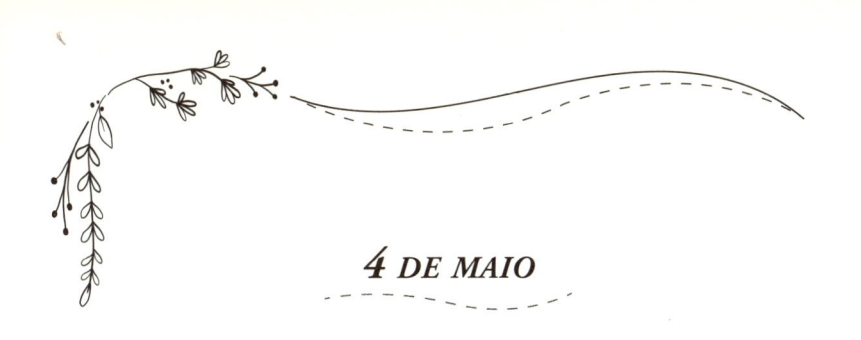

Seja lá que tipo de pais, que tipo de infância, que tipo de traumas algum dia conhecemos, o fato é que podemos modificar nossa própria herança, da doença à recuperação, se escolhermos o perdão e a cura.

✦

5 DE MAIO

Muitas mulheres que amam demais suspeitam que foram vítimas de incesto. Se essa suspeita existe, investigue.

✦

6 DE MAIO

Em geral, compulsões alimentares fazem parte da vida das mulheres que foram vítimas de violência.

✦

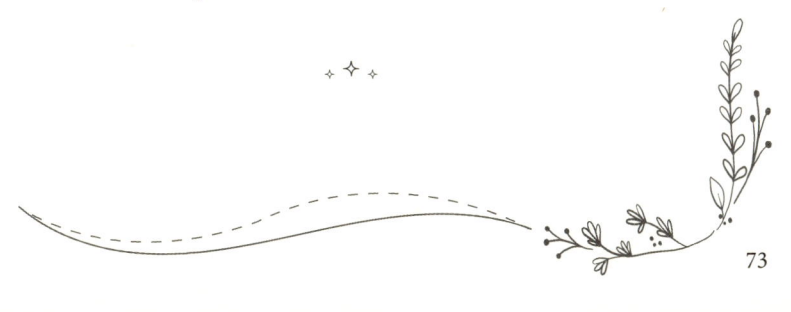

7 DE MAIO

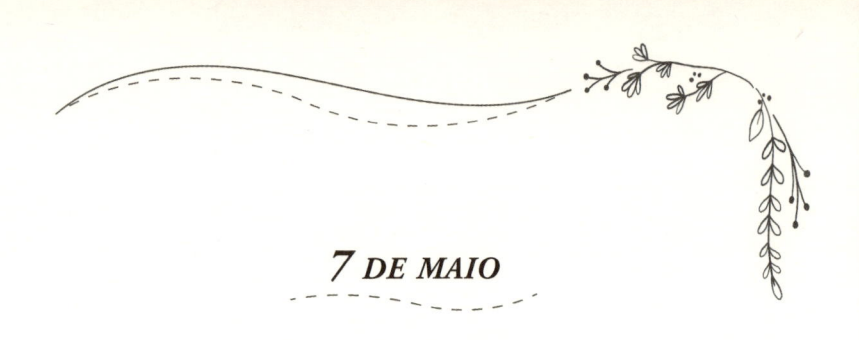

Somos *abençoadas* quando a vida torna impossível continuarmos como éramos antes e quando somos obrigadas a mudar nosso comportamento. Mas, é claro, quando isso acontece, não nos parece uma bênção.

✧

8 DE MAIO

A negação é uma inclinação humana natural. Precisamos sempre suportar vários tipos de catástrofe para conseguir transpô-los.

✧

9 DE MAIO

Um vício pode encobrir outro; por exemplo, quando a obsessão por exercícios disfarça os efeitos da compulsão alimentar.

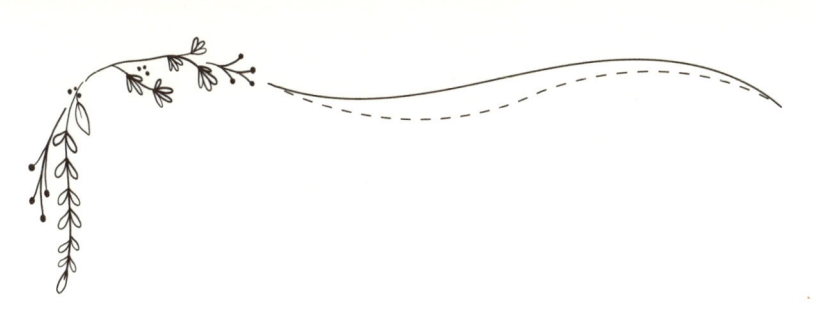

10 DE MAIO

A dependência emocional, assim como o abuso de drogas ou o alcoolismo, é uma doença progressiva. Isto é, o período entre iniciar um relacionamento dependente e ter uma vida completamente incontrolável é acelerado à medida que os anos passam.

11 DE MAIO

Concordar em manter contato com uma pessoa que tem sido a nossa "droga" pode ter o mesmo efeito do primeiro gole para um alcoólico sóbrio. Anos de recuperação são aniquilados, e a obsessão aflora e fura o bloqueio com uma força incrível.

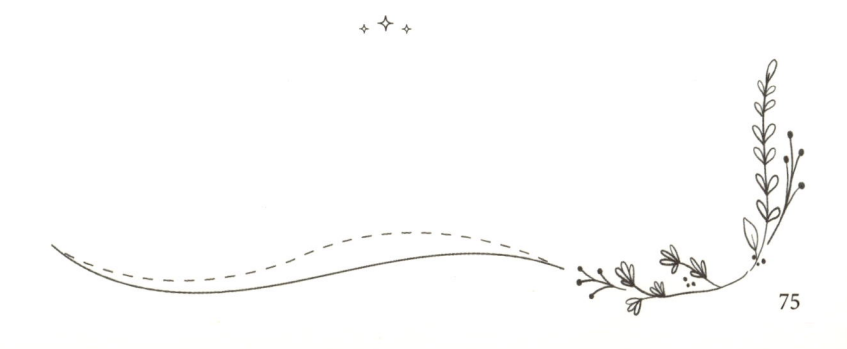

12 DE MAIO

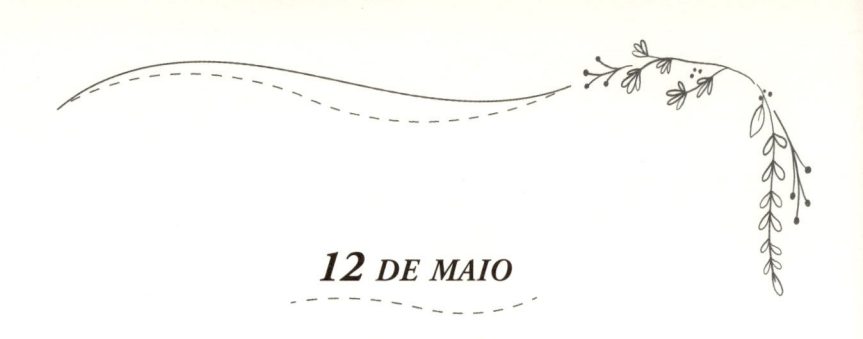

Alguns relacionamentos são como brócolis: não muito excitantes, mas íntegros e bons; outros são como bolo de chocolate: incrivelmente encantadores mas, para aquelas que são dependentes, perigosos.

Se somos dependentes emocionais, precisamos aprender a nos relacionar de forma saudável e evitar aquelas pessoas que são, para nós, a droga que nos impulsiona para nossa obsessão.

13 DE MAIO

Nossos esforços para ser importante para o outro, para ser necessária ao seu bem-estar assim como ele é para o nosso, podem nos tornar manipuladoras, pegajosas e asfixiantes, e também degradantes.

Quando amamos demais, normalmente somos desprezadas por todos os nossos esforços, tanto por nossos(as) parceiros(as), quanto por nós mesmas.

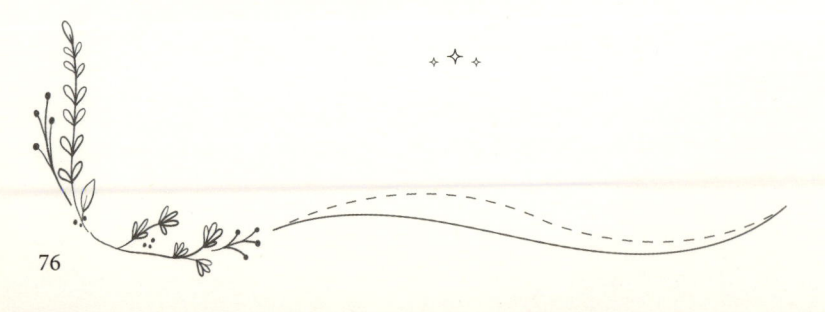

14 DE MAIO

Não praticar um vício requer muito mais do que apenas se conscientizar da necessidade de mudar.

15 DE MAIO

Nada funciona melhor do que a oração, desde que estejamos pedindo a vontade de Deus e não a nossa.

16 DE MAIO

Você começa um relacionamento assumindo o papel da todo-poderosa, toda compreensiva e mãezona para sua criança carente e levada?

Nós, que amamos demais, fazemos um acordo tácito quando nos deparamos com parceiros(as) que nos parecem carentes: primeiro vou tomar conta de você, e depois você toma conta de mim.

17 DE MAIO

Quando apelamos a uma droga, um comportamento ou outra pessoa para que trate algum sentimento incômodo, estamos correndo o risco de desenvolver uma dependência tóxica.

Se uma pessoa representa um alívio para nossos sentimentos de ansiedade e abandono, podemos nos tornar desesperadamente dependentes dela – é a nossa "dose".

Nossa "dose" sempre nos cobra algo em troca do alívio temporário que ela nos dá. Com a dependência emocional, o preço normalmente é, no mínimo, uma ressaca emocional.

18 DE MAIO

Ao mesmo tempo que é muito real, a sobriedade nos relacionamentos é também algo muito sutil e só pode ser medida pelo grau emocional de serenidade que conquistamos em nossas vidas.

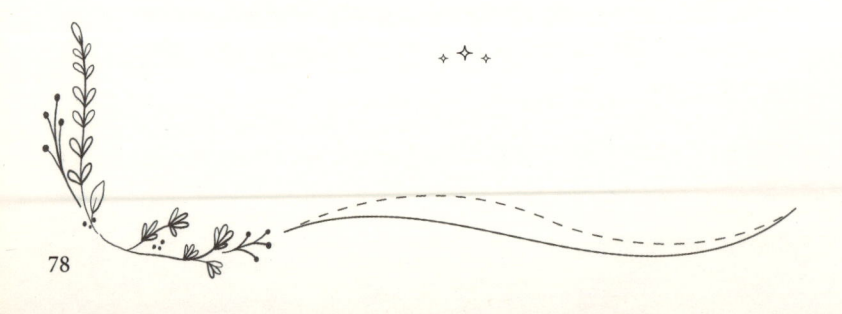

19 DE MAIO

Se alguém já a magoou ou ofendeu uma vez, provavelmente vai fazer o mesmo de novo. A não ser que você se dê o direito de não ser mais magoada ou ofendida porque, agora, já sabe que tem a capacidade de assumir esse tipo de comportamento.

Visto que a pessoa com quem se relaciona é adulta, presumimos que agiu de tal forma não por não saber fazer melhor, mas porque aquele comportamento é parte dela. A pessoa pode acionar o freio por alguns instantes ou deixar que você lhe impeça, mas apenas temporariamente. Mais dia menos dia voltará a ser o que sempre foi. Se você não permitir, se tentar manobrar o comportamento ou vício de seu parceiro, ou parceira, seus esforços, em última análise, não produzirão os sentimentos de gratidão que você deseja do outro. Ao contrário, o que ele sentirá em relação a você é ressentimento por se meter entre ele e o que quer ou precisa. Então, seu comportamento não é mais o problema. *Você* é.

✦

20 DE MAIO

É a falta de respeito pelo direito do outro de ser quem é que nos permite tentar ajudá-lo a dirigir sua vida, *mesmo quando ele parece estar nos pedindo para fazer isso.*

Quando o outro nos convida a ajudá-lo a controlar qualquer aspecto de sua vida, ele está nos armando uma cilada. O problema *dele* acabou de se tornar o *seu*.

21 DE MAIO

Quando um dos pais transforma a criança em companheira ou confidente, ocorre uma violação dos limites dela. Qualquer criança elevada ao status de igual por um adulto fica servil às necessidades daquele adulto. De forma a não nos prejudicar e obter o conforto, para obtermos a direção e o apoio de que necessitamos, precisamos nos dirigir a pares adultos que também estão precisando recuperar-se da dependência emocional e vão dividir conosco suas experiências, força e esperança.

22 DE MAIO

Quando as pessoas estão tentando mudar de verdade, elas não falam muito sobre isso. Estão suficientemente ocupadas para isso.

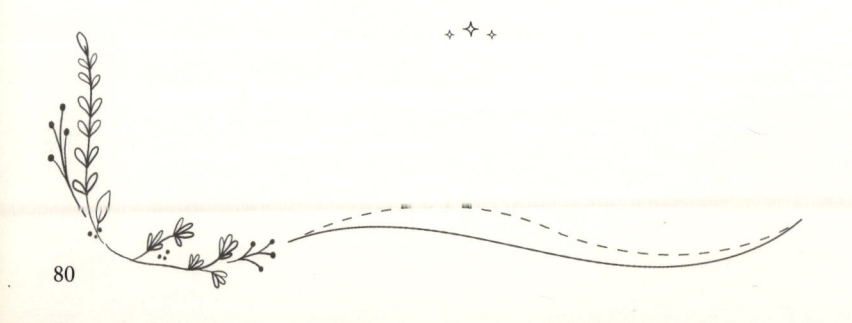

23 DE MAIO

A maioria das dependentes emocionais prefere dizer "Essa pessoa é o meu problema" a admitir o medo e a inabilidade de estar em um relacionamento estável e intimamente presente com outra pessoa.

24 DE MAIO

Todo processo de cura, seja de uma perna quebrada, de uma mente perturbada ou de um coração partido, é feito pela ação de um princípio espiritual.

Essa fonte espiritual inspiradora existe em todos nós; ter contato com essa fonte é a necessidade que nasce de todo vício, incluindo o de amar demais.

Encontrar esse princípio espiritual e render-se à sua liderança consiste em um trabalho *muito* difícil, mas, se estamos amando demais, não se render é mais difícil ainda.

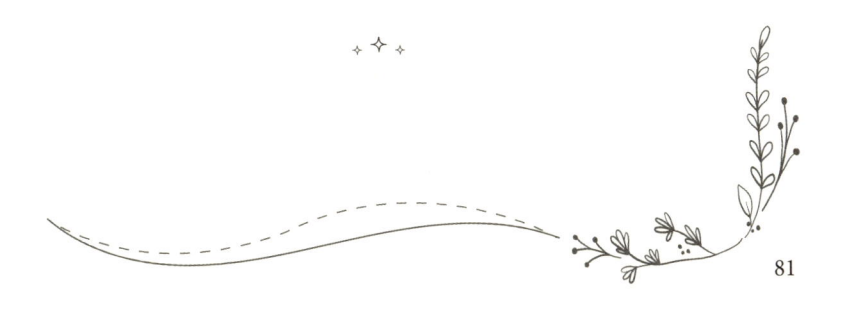

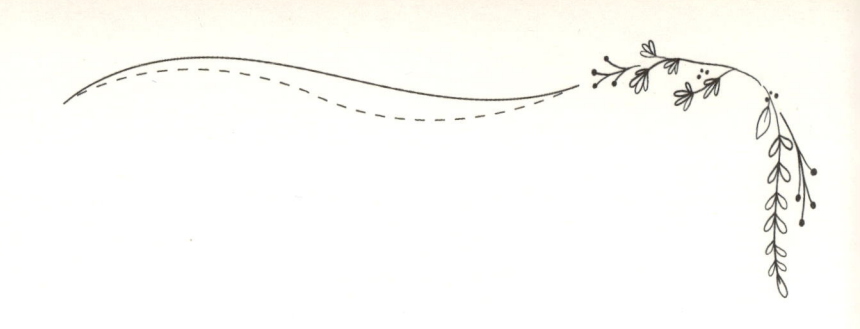

25 DE MAIO

A dor emocional existe porque não estamos admitindo honestamente alguma coisa sobre nós mesmas ou nossa condição – algo que, de certa forma, nós *já sabemos*.

26 DE MAIO

A verdadeira mudança requer uma rendição quase religiosa.

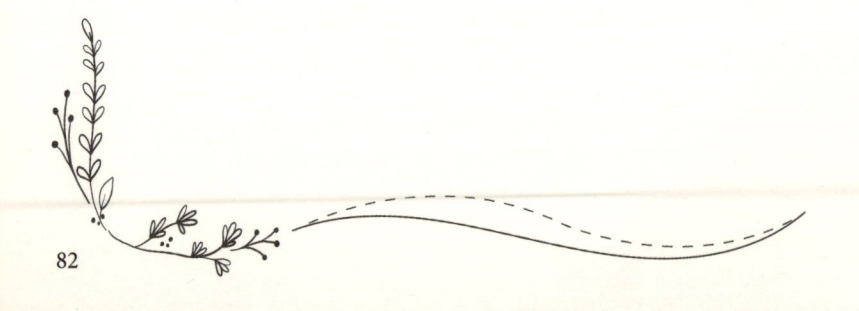

27 DE MAIO

Como dependentes emocionais, fazemos tanto mal a nossos filhos quanto pessoas com outras compulsões porque...
- nossas mudanças de humor são igualmente excêntricas, exageradas e imprevisíveis;
- nossos atos são tão impulsivos quanto irracionais quando necessitamos de uma "dose";
- nossos pensamentos e sentimentos são quase sempre focados em outra pessoa;
- nossa direção é tão perigosa como quando estamos sob a influência de nossas emoções descontroladas;
- nos tornamos imensamente desonestas, colocando a culpa de nossos problemas em qualquer outra coisa, menos no vício.

28 DE MAIO

A dor emocional é para o espírito o que a dor física é para o corpo: um sinal de que alguma coisa está doente ou prejudicada.

29 DE MAIO

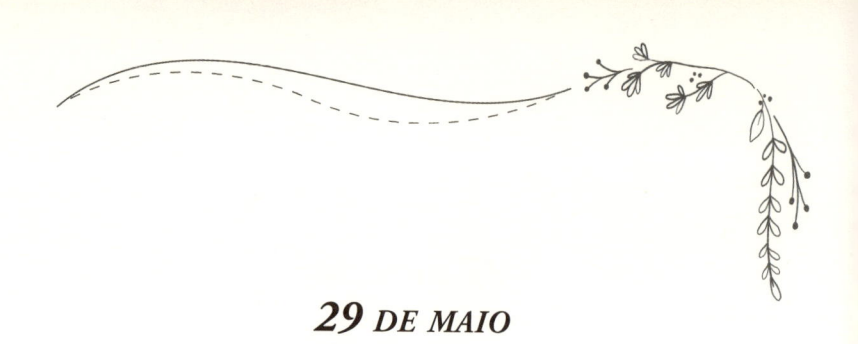

A vida, afinal, é despertar e crescer. Fazemos com que esses processos fiquem mais dolorosos porque não os acolhemos com prazer.

30 DE MAIO

É através da busca pela recuperação que nossos segredos profundos são transformados em preciosos dons.

31 DE MAIO

Na recuperação, você não perde nada do que é verdadeiramente para seu bem maior.

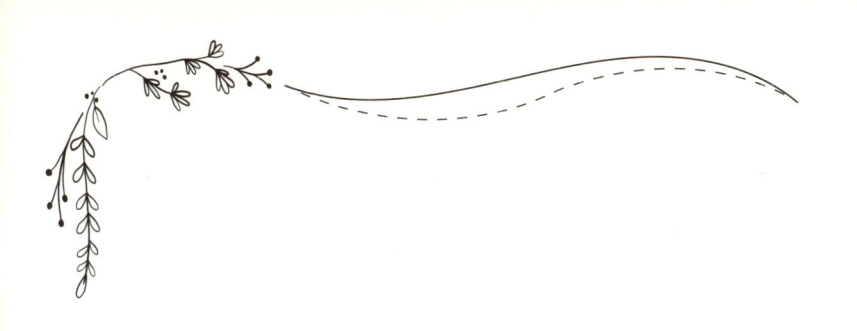

1º DE JUNHO

A recuperação garante duas coisas: a vida *melhora* e nos tornamos *realmente* úteis.

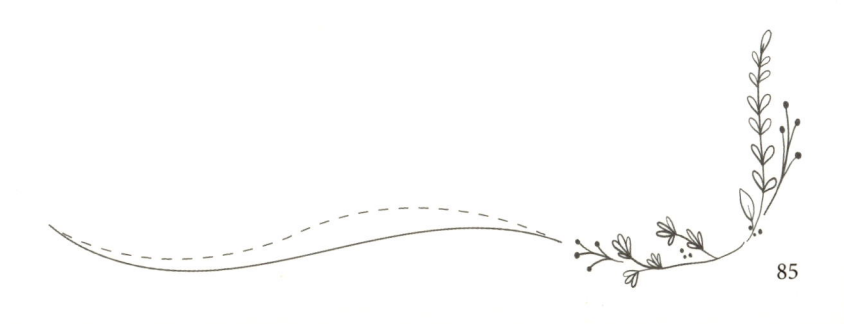

2 DE JUNHO

Tudo que fazemos naturalmente em reação ao vício de outra pessoa é errado.

Querer ajudar e querer punir são reações independentes.

3 DE JUNHO

Nunca resolva mais do que a metade daquilo que você pode fazer em relação ao problema de outra pessoa.

Quando tentamos muito ajudar o outro, nos sentimos frustradas e enraivecidas, e ele sente culpa e ressentimento.

Fazer mudanças necessárias pode ser *muito mais* importante para a pessoa que precisa mudar do que para aqueles que acham que podem ajudar.

4 DE JUNHO

Nenhum terapeuta por si só pode ser a solução para o problema do paciente.

Depositar sua vida nas mãos de um terapeuta *não* é o mesmo que levar um carro ao mecânico. *Você* é responsável pela identificação e conserto daquilo que não funciona bem.

5 DE JUNHO

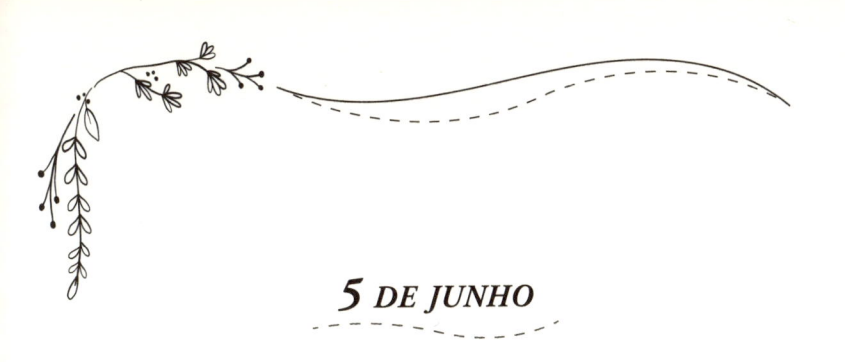

As pessoas raramente mudam, a não ser diante de uma dor insuportável. Quando aliviamos a dor de outro, normalmente damos um curto-circuito em suas motivações para mudar. Isso acontece porque a maioria dos nossos esforços para salvar o outro normalmente prolonga e perpetua os problemas.

Infelizmente, quando amamos demais, a tolerância à dor do outro é geralmente maior do que nossa tolerância para observá-la. Em vez de tentar resolver os problemas, o que queremos é nos livrar de suas consequências.

6 DE JUNHO

Temos a maior certeza de que se mostrarmos a alguém o quanto o amamos, não importa como nos trate, ele mudará. O que realmente estamos lhe mostrando é que, para ele, mais seguro é se manter o mesmo.

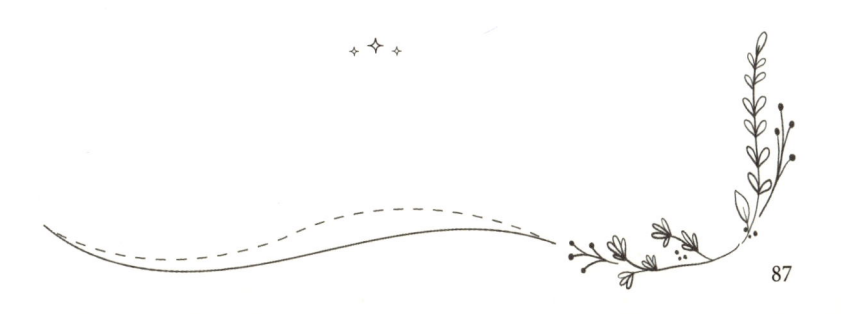

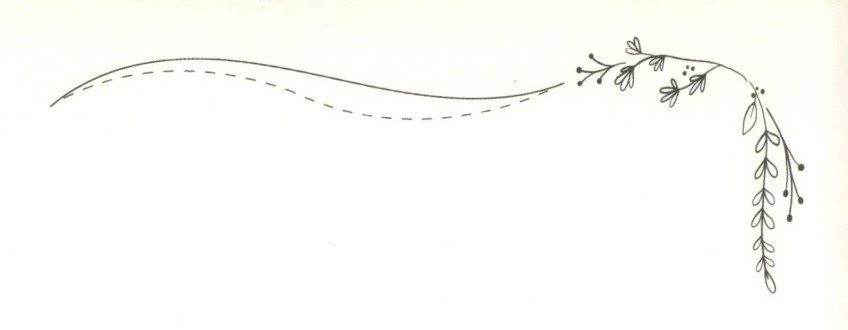

7 DE JUNHO

Muitas mulheres que amam demais têm problemas sérios com depressão endógena.

Tentar viver uma vida normal em depressão é a mesma coisa que tentar andar de esqui com a perna quebrada – muito difícil e dolorido.

Enquanto você estiver lutando contra a depressão, não *procure* a perfeição. Descanse e reduza o estresse.

8 DE JUNHO

Recuperar-se significa escolher somente o que garante a sua serenidade e o seu bem-estar.

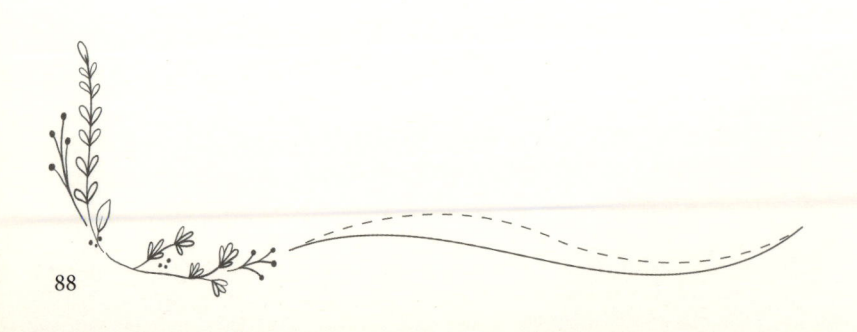

9 DE JUNHO

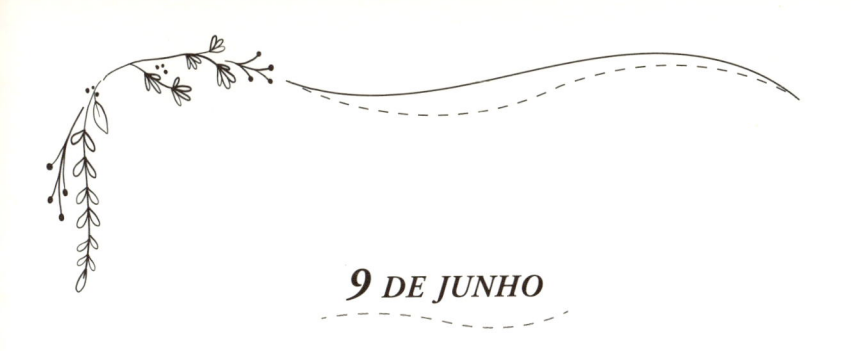

O álcool adormece a parte de seu cérebro que diz "não" – e você sabe como essa parte é importante quando está tentando não praticar seu estilo particular de amar demais.

Às vezes, temos vontade de ligar para a pessoa ou parar na porta de sua casa ou passar a noite com ela, mesmo sabendo que tudo isso é um grande erro.

Então bebemos primeiro. Depois, admitindo para nós mesmas que não nos comportaríamos assim se não tivéssemos bebido, evitamos assumir a responsabilidade por nossas escolhas e explorar seu significado em nossa vida. E consequentemente nosso ciclo doentio continua.

10 DE JUNHO

Amar demais você mesma para conseguir se livrar do vício é um pré-requisito para amar outro alguém.

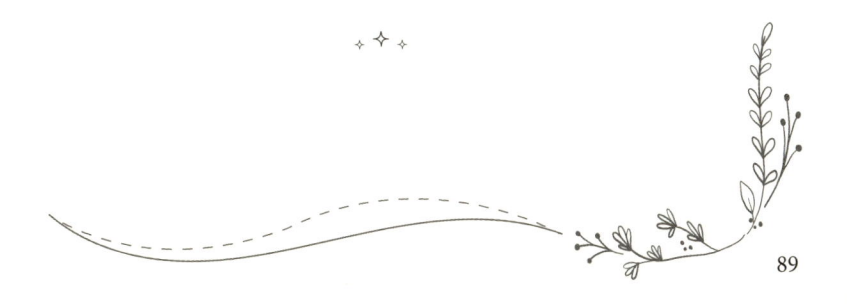

11 DE JUNHO

Jamais suponha que a dependência emocional não pode acabar com a sua vida. Essa é uma condição que produz grande estresse, e todos sabemos que o estresse mata.

Comece buscando fazer o possível para conseguir se recuperar. Você estará se salvando.

12 DE JUNHO

A recuperação é um processo contínuo que começa a cada minuto, cresce a cada hora e continua a cada ano, mas ele nunca avança mais do que um dia de cada vez.

13 DE JUNHO

Faça o possível para não fazer as pequenas ou grandes coisas que constituem uma "recaída", para não fazer qualquer movimento de ajuda, controle ou provocação que vem tão fácil e inconscientemente à sua cabeça.

14 DE JUNHO

A convicção de que encontrar o terapeuta certo resolverá todos os seus problemas é quase tão comum quanto a convicção de que encontrar a pessoa certa fará o mesmo. A recuperação de qualquer vício, incluindo amar demais, exige confiança não apenas no terapeuta, mas no Poder Superior.

15 DE JUNHO

Muitas de nós, após a primeira recuperação, descobrem que teremos uma *próxima* recuperação.

A recuperação em uma determinada área acaba por sempre mostrar que a vida é incontrolável em outra área.

16 DE JUNHO

É da natureza das mulheres que amam demais minimizar a decadência de sua situação. As tentativas de controlar a obsessão falham sucessivamente e há uma disparidade enorme entre a imagem pública e o comportamento privado, secreto.

17 DE JUNHO

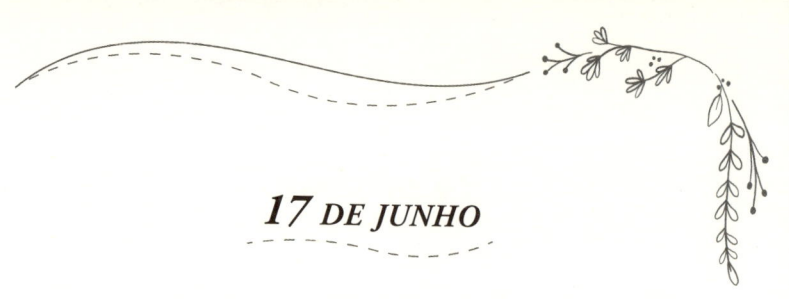

Se a dependência emocional é detectada, nenhuma outra abordagem deverá funcionar tão bem quanto o Programa dos Doze Passos da recuperação.

⋄

18 DE JUNHO

Desejar aprender uma nova maneira de viver um dia de cada vez é muito mais produtivo na nossa longa caminhada do que tentar correr.

⋄

19 DE JUNHO

A Primeira Promessa da Recuperação
da Dependência Emocional

Devemos nos aceitar totalmente, mesmo quando desejamos apenas mudar algumas partes de nós. Temos amor-próprio e autoestima básicos, que nutrimos carinhosamente e expandimos deliberadamente.

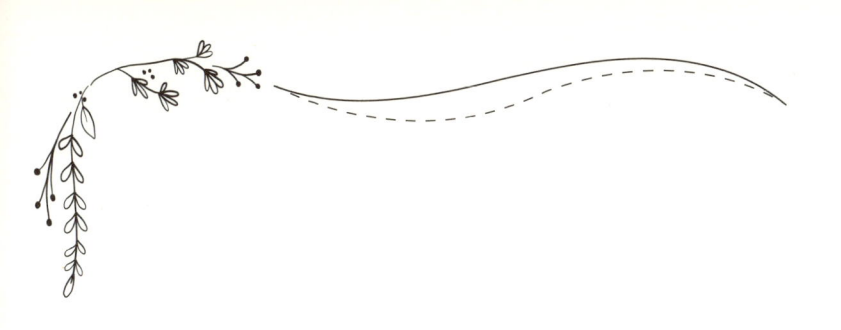

20 DE JUNHO

A Segunda Promessa da Recuperação da Dependência Emocional

Aceitamos o outro como ele é, sem tentar modificá-lo para atender as nossas necessidades.

✧

21 DE JUNHO

A Terceira Promessa da Recuperação da Dependência Emocional

Mantemos a conexão com nossos sentimentos e atitudes em todos os aspectos de nossas vidas, incluindo a nossa sexualidade.

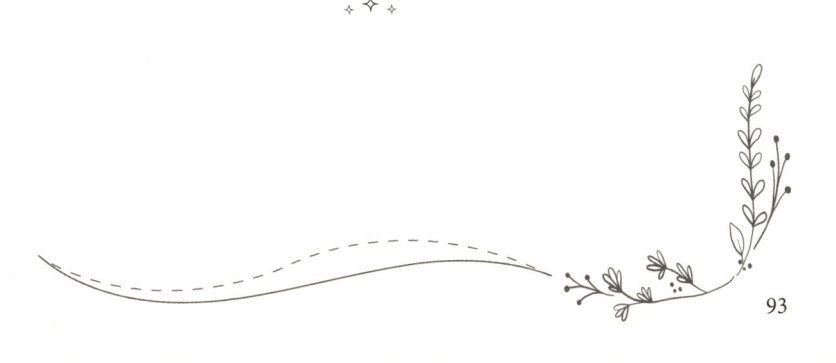

✧

22 DE JUNHO

A Quarta Promessa da Recuperação da Dependência Emocional

Tratamos todos os aspectos de nossa vida com muito carinho: nossa personalidade, nossas crenças e valores, nosso corpo, nossos interesses e nossas realizações. Temos de dar valor a nós mesmas mais do que procurar relacionamentos que nos deem a sensação de automerecimento.

23 DE JUNHO

A Quinta Promessa da Recuperação da Dependência Emocional

Nossa autoestima é grande o suficiente para que possamos apreciar o convívio com outras pessoas aceitando-as como são. Não precisamos ser necessárias para sermos valiosas.

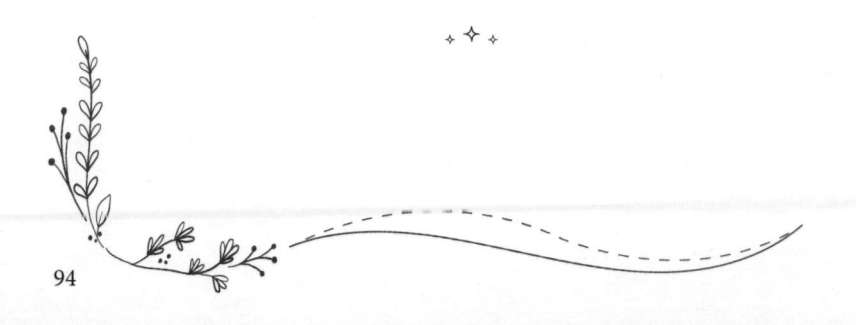

24 DE JUNHO

A SEXTA PROMESSA DA RECUPERAÇÃO
DA DEPENDÊNCIA EMOCIONAL

Devemos nos permitir ser liberais e confiantes para determinadas pessoas. Não devemos temer que elas nos conheçam num nível pessoal mais profundo, mas também não devemos nos expor à exploração daquelas que não estão interessadas no nosso bem-estar.

25 DE JUNHO

A SÉTIMA PROMESSA DA RECUPERAÇÃO
DA DEPENDÊNCIA EMOCIONAL

Aprendemos a perguntar: "Esse relacionamento é bom para mim? Ele me permite crescer em toda a minha capacidade?"

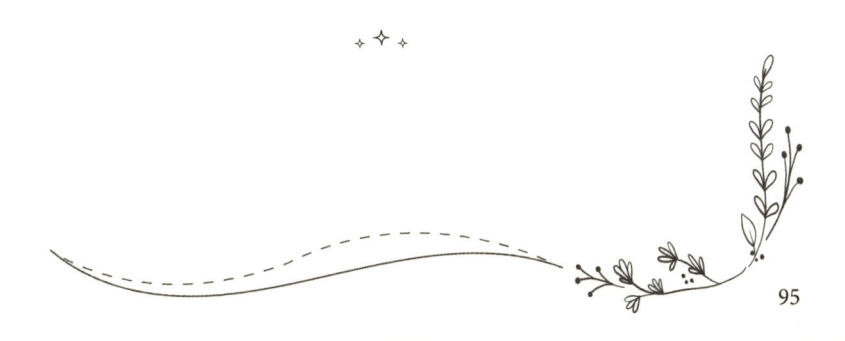

26 DE JUNHO

A Oitava Promessa da Recuperação da Dependência Emocional

Quando um relacionamento é destrutivo, somos capazes de nos livrar dele sem cair em depressão aguda. Temos um círculo de amigos que nos amparam e interesses saudáveis para superar as crises.

27 DE JUNHO

A Nona Promessa da Recuperação da Dependência Emocional

Devemos dar valor à nossa serenidade acima de qualquer coisa. Assim, todas as lutas, dramas e caos do passado perdem seus encantos. Passamos a ser protetoras de nós mesmas, de nossa saúde e de nosso bem-estar.

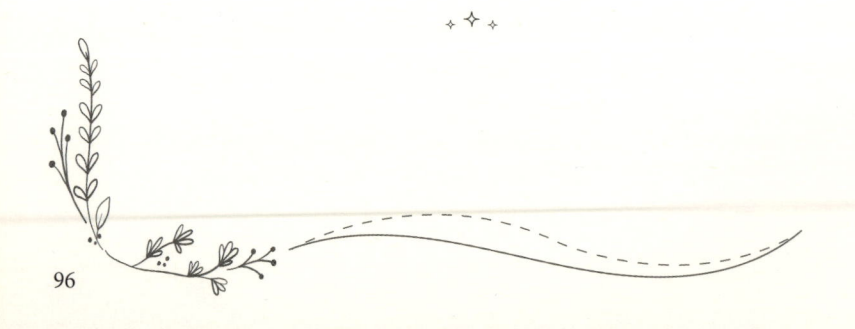

28 DE JUNHO

A Décima Promessa da Recuperação
da Dependência Emocional

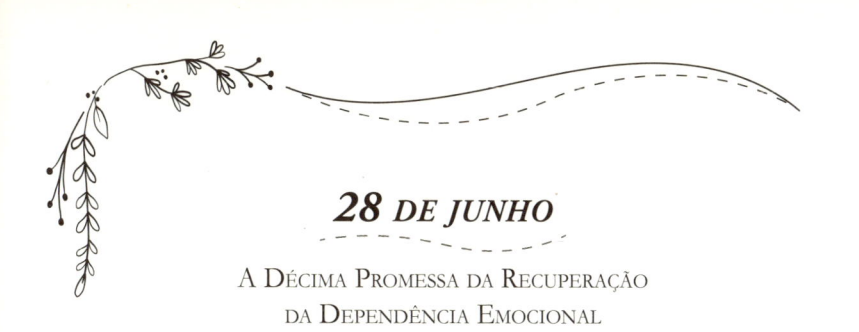

Sabemos que um relacionamento, para funcionar, deve ser entre parceiros que partilham valores, interesses e objetivos similares e que tenham, ambos, capacidade para assumir uma grande intimidade. Temos certeza de que merecemos o melhor que a vida pode nos oferecer.

29 DE JUNHO

A primeira fase da recuperação de amar demais deve começar quando nos conscientizamos de que tudo o que fazemos e desejamos pode ser interrompido.

30 DE JUNHO

Assim que buscamos parar de amar demais, não baseamos mais tudo o que dizemos e fazemos em cima de como achamos que a outra pessoa vai reagir.

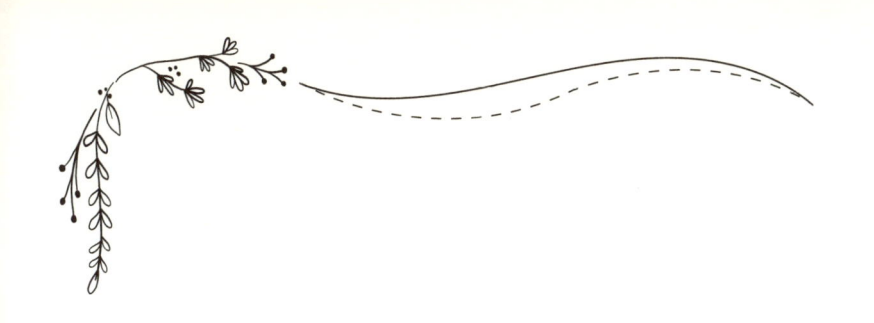

1º DE JULHO

Ao nos recuperarmos, tudo o que um dia parecia normal e familiar começa a parecer esquisito e doentio.

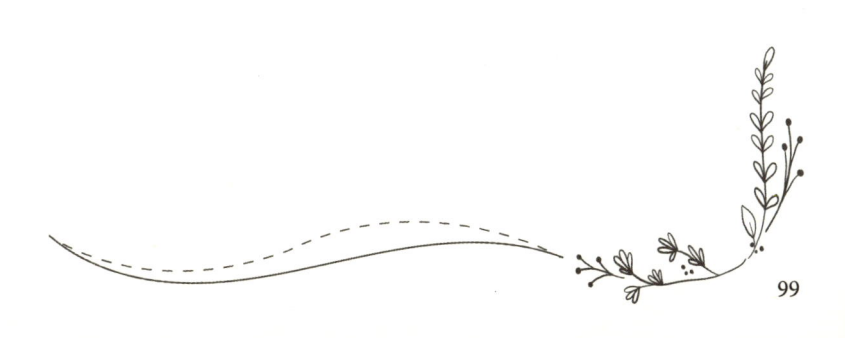

2 DE JULHO

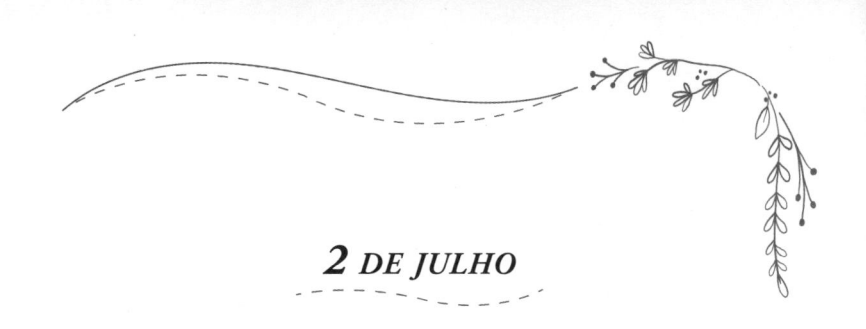

Os ressentimentos são como o monstro de Frankenstein: assumem vida própria a não ser que trabalhemos para nos livrarmos deles.

Se não tomar cuidado, você verá que tem um ressentimento predileto que precisa ser cuidado e alimentado diariamente.

✧

3 DE JULHO

Se ficarmos contando a nós mesmas repetidas vezes a história de nossa vitimização, certamente contaremos a mesma história a todo mundo.

✧

4 DE JULHO

Não recebemos mais da vida quando desejamos menos aos outros.

5 DE JULHO

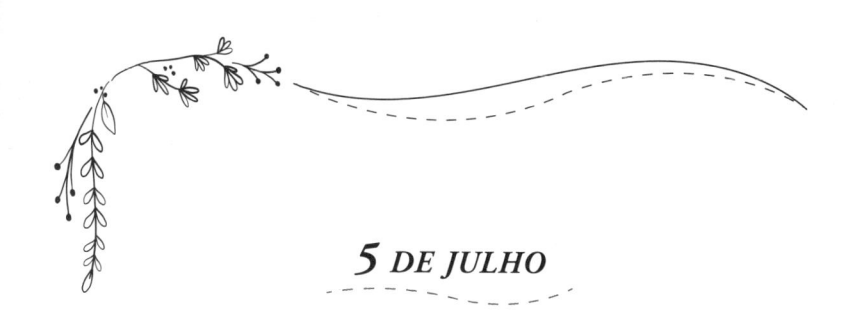

Num relacionamento, nada acontece por acidente. Aquela pessoa é exatamente o que era quando você a conheceu e decidiu ficar com ela. Nós, que amamos demais, ficamos fascinadas e atraídas pelas próprias qualidades que decidimos tentar alterar no outro.

6 DE JULHO

Recuse a se considerar uma vítima no relacionamento. Saiba que você tem total participação em qualquer jogo que esteja acontecendo.

7 DE JULHO

Com um par difícil, fique muito atenta aos *seus* passos na dança.

8 DE JULHO

Admitir que não existem acidentes de percurso nos relacionamentos e que não somos vítimas força-nos a crescer e encarar nosso lado sombrio.

9 DE JULHO

A verdadeira recuperação acontece quando desistimos de ver o problema como se estivesse fora da gente e dentro de outra pessoa.

10 DE JULHO

Superar o ressentimento faz com que você abençoe o outro e reze pelo maior bem-estar dele.

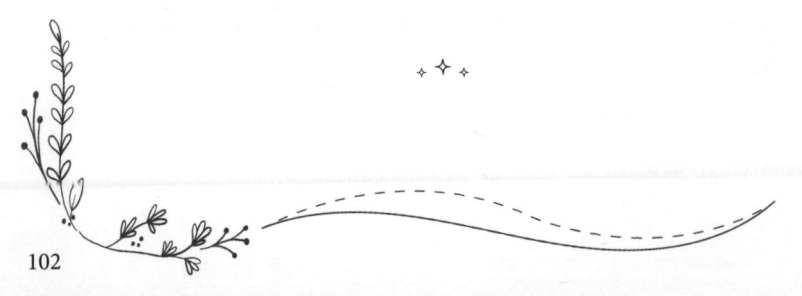

11 DE JULHO

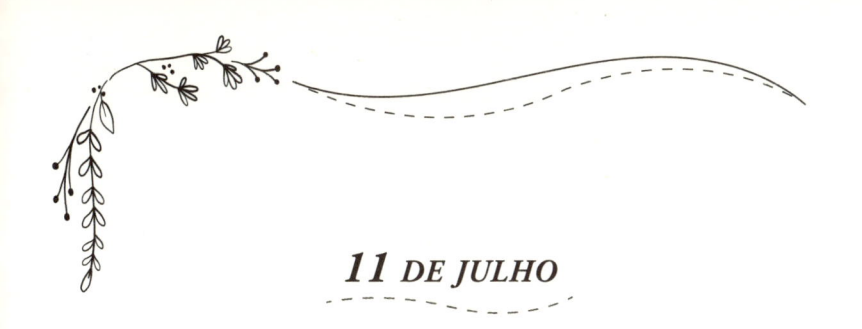

Quando somos invejosas, acreditamos equivocadamente que não existe bem suficiente no mundo para todos.

✧

12 DE JULHO

Recebemos aquilo que desejamos, portanto, deseje bênçãos.

✧

13 DE JULHO

Nós, não importa o gênero, devemos fazer o máximo para nos entendermos melhor. Provavelmente não vamos poder jamais esperar sermos especialistas uns nos outros.

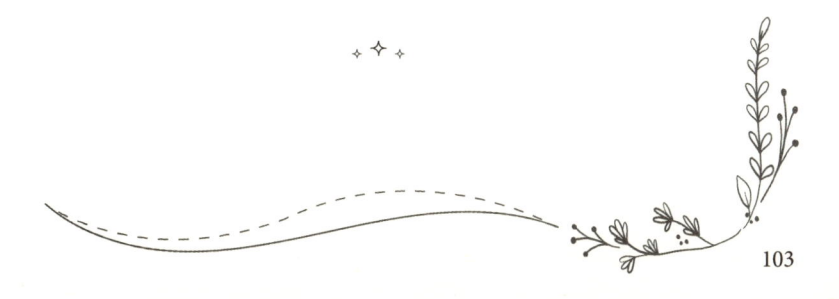

✧

14 DE JULHO

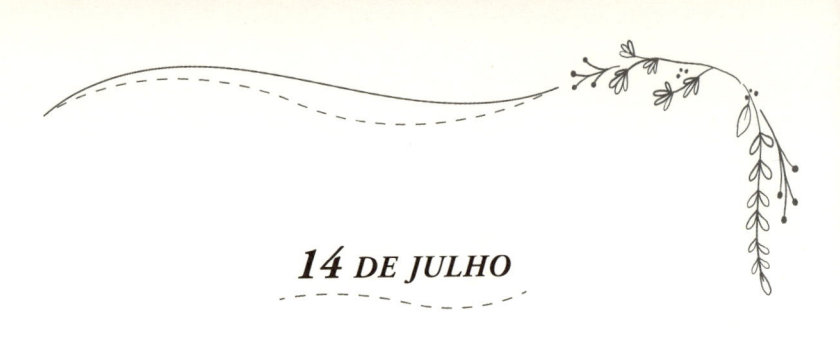

Qualquer comportamento entre seres humanos que for menos do que honesto, aberto e carinhoso tem raízes no medo.

15 DE JULHO

Os homens geralmente têm mais medo de ser sufocados, enquanto as mulheres tendem a ter mais medo do abandono.

16 DE JULHO

Quanto mais magoada for uma mulher, mais ela verá o outro na família como seu provedor de forças. Quanto mais magoado ele for, mais verá a mulher e a família como uma ameaça à sua independência.

17 DE JULHO

Uma vez que eles dividem um mesmo passado emocional, as pessoas que amam de menos e as pessoas que amam demais tendem a juntar-se. Isso, é claro, cria o problema que cada um, inconscientemente, traz para o relacionamento.

✧

18 DE JULHO

Quando somos feridas e não nos curamos, tendemos a ser perigosas.

✧

19 DE JULHO

Homens e mulheres emocionalmente dependentes criam filhos e filhas emocionalmente dependentes.

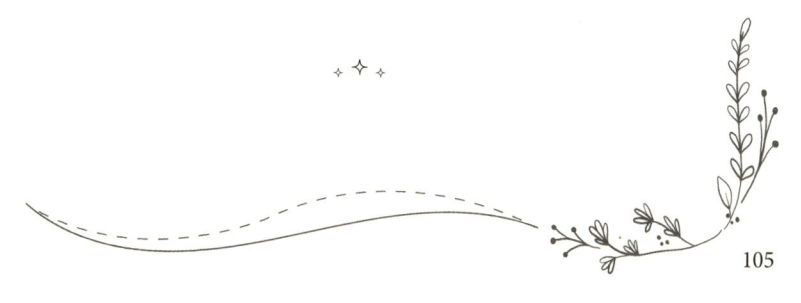

✧

20 DE JULHO

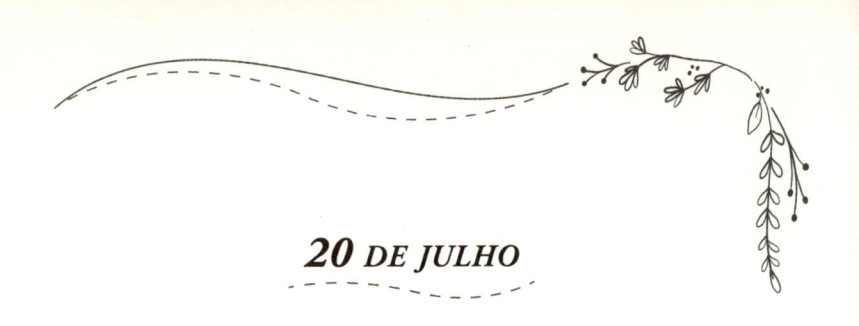

A palavra "amor" é constantemente aplicada a diversos estados de excitação que certamente personificam o que o amor *não é*.

Luxúria, paixão, ciúme, sofrimento, medo, excitação, cobiça, sedução, submissão, consolo do tédio, solidão, vingança, competição, orgulho e teimosia são, normalmente, disfarçados de amor.

21 DE JULHO

Amor-próprio não é compulsivo, é equilibrado.

22 DE JULHO

A capacidade de amar outra pessoa nasce de um coração pleno, não de um coração vazio.

23 DE JULHO

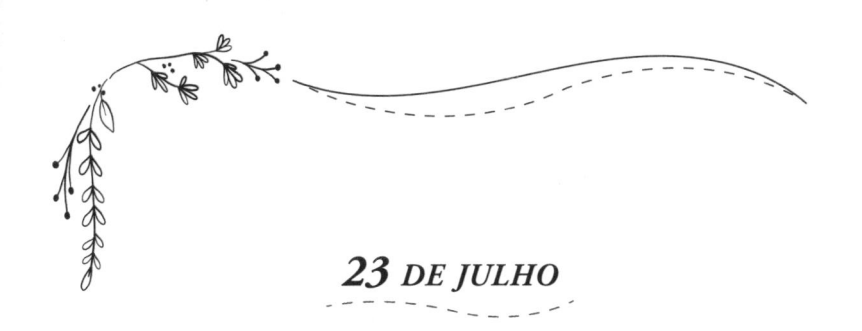

Transformamos o relacionamento em uma religião virtual ao colocar a seus pés as maiores responsabilidades de sermos humanas.

Não devemos solicitar a outra pessoa o que deveríamos solicitar a Deus.

24 DE JULHO

Quem é bom para nós? Aquela pessoa que não diminui nosso contato com nosso Poder Superior.

25 DE JULHO

Desde que nosso contato espiritual seja nossa *prioridade*, os problemas de relacionamento serão resolvidos.

26 DE JULHO

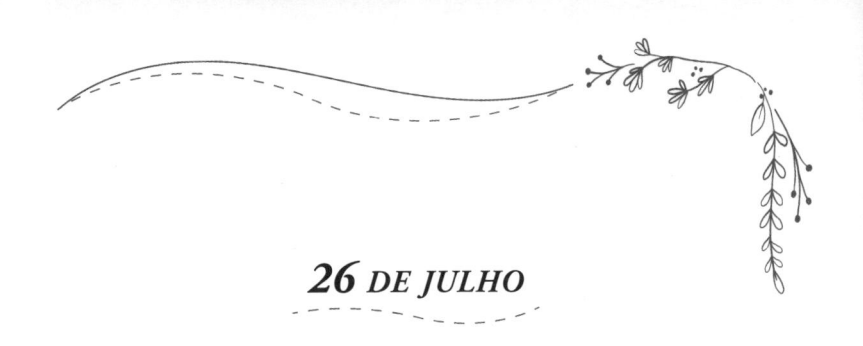

Confiança em algo maior do que nós mesmas e em outra coisa que não o relacionamento deve ser um sentimento sempre presente, de modo a amarmos livremente, profundamente e bem.

27 DE JULHO

Sem confiança no Poder Superior, o medo da perda de um relacionamento cresce no lugar do amor.

28 DE JULHO

Sem confiança e respeito mútuos, muitos daqueles impulsos que chamamos de amor, mas que na realidade são obsessões, podem criar raízes e crescer – mas jamais o amor.

29 DE JULHO

Na codependência, todos esperam que o doente se recupere (o que pode não acontecer) antes de conseguir ser feliz.

Quando você aprende a ser feliz, não importa o que o outro esteja fazendo, você está se recuperando e aumentando as chances de outras pessoas se recuperarem também.

30 DE JULHO

Uma boa ajuda pode ser conseguida através de uma via de acesso bem definida; por isso é importante encontrar um programa de recuperação que seja compartilhado por pessoas que têm a mesma condição de vida que você.

Quando participamos de um programa de recuperação, não precisamos mais reviver nossos traumas de infância nos relacionamentos adultos.

31 DE JULHO

Aqueles que dividem conosco o caminho da recuperação podem valorizar e aplaudir nosso progresso mais do que qualquer outra pessoa.

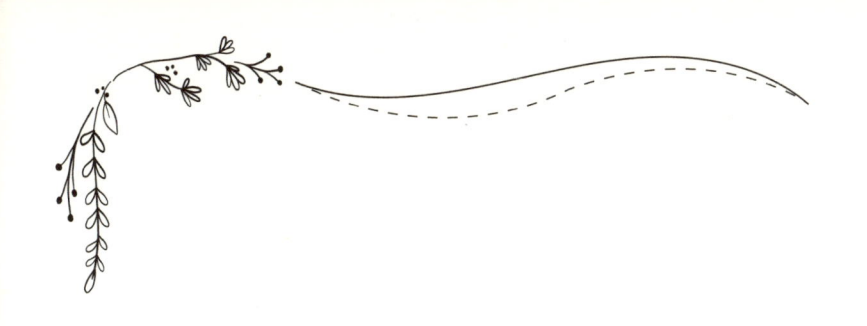

1º DE AGOSTO

Olhe-se no espelho todos os dias, diga seu nome e depois repita: "Eu me amo e me aceito exatamente do jeito que sou."

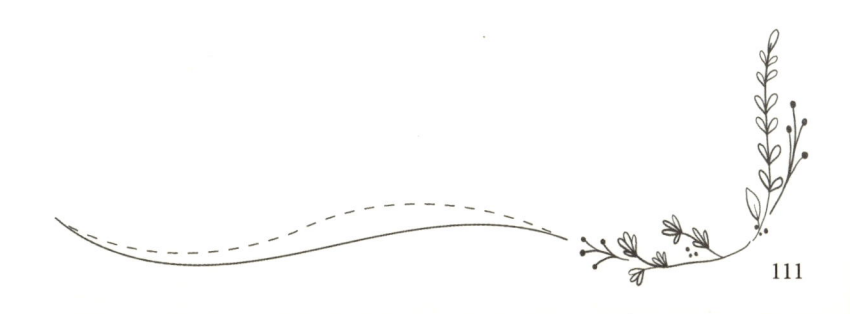

2 DE AGOSTO

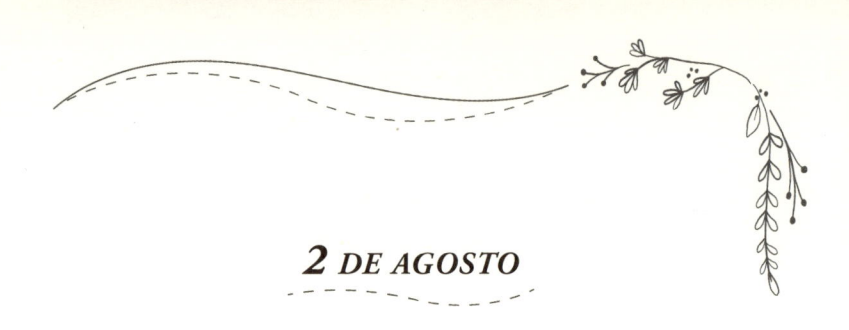

Você é uma parte necessária e amada do universo. Você não precisa fazer nada para merecer seu direito de existir.

✦

3 DE AGOSTO

Quando um *homem* é um dependente emocional, podemos ver a doença exatamente como ela é, livre dos estereótipos culturais que reforçam a doença de amar demais nas mulheres.

✦

4 DE AGOSTO

As mulheres em nossa cultura são demasiadamente estimuladas por revistas e outras mídias a se comportarem de maneiras típicas de um relacionamento emocional bastante doentio.

5 DE AGOSTO

Nossa cultura realmente incentiva o relacionamento emocional nas mulheres e impõe castigos contra aquelas que não pensam, sentem e agem igual.

6 DE AGOSTO

Embora seja verdade que as mulheres viciadas em relacionamentos tendem a achar pretendentes "legais" bastante chatos, há um outro fator a ser considerado. Encontrar um relacionamento bom e aprender a amar o outro não é a solução automática para nossos problemas porque, por um lado, nem todos os bons são realmente bons. Alguns simplesmente desenvolveram um modo sereno e dissimulado de administrar a desonestidade nos relacionamentos.

7 DE AGOSTO

Doar-se ao outro e vice-versa realmente significa não admitirmos suborno.

8 DE AGOSTO

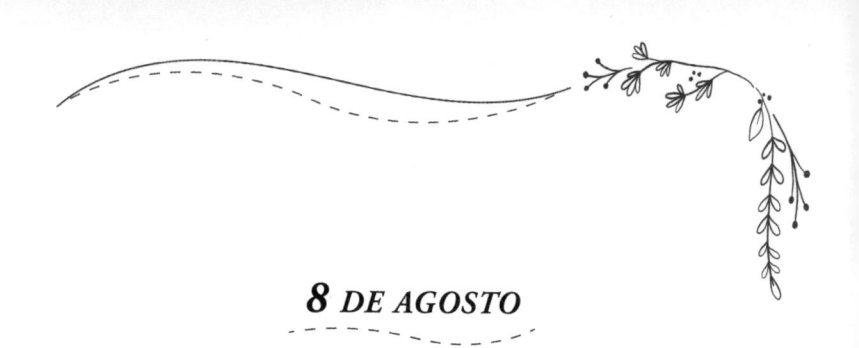

Por que nos sentimos ressentidas em vez de agradecidas por tudo o que fizemos? A resposta é: porque não fomos honestas; fomos manipuladoras.

9 DE AGOSTO

A maior ironia do relacionamento emocional é que a essência da obsessão está no profundo medo da intimidade.

10 DE AGOSTO

É difícil definir, em muitos casais, qual dos dois é mais dependente e necessitado, não importa quem *aparente* ser o dependente emocional.

11 DE AGOSTO

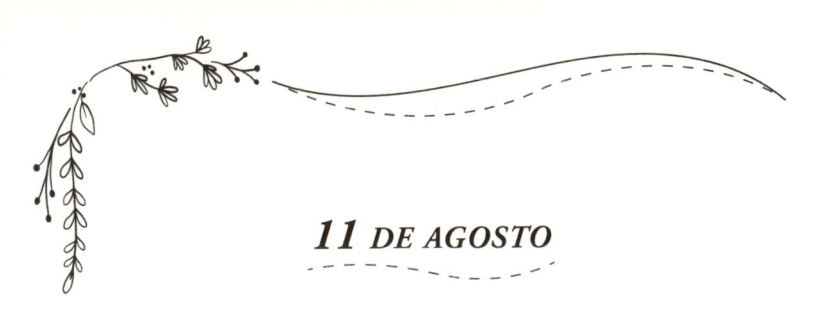

Ninguém jamais deveria tentar encontrar um terapeuta para outra pessoa.

Quando tentamos encaminhar alguém para uma terapia, nosso motivo é o interesse próprio, sob o disfarce de estarmos ajudando alguém.

12 DE AGOSTO

Procurar freneticamente por respostas não é o caminho para a recuperação. Quando começamos honestamente a querer um tratamento, o caminho para a recuperação se revela, *seja ele qual for.*

13 DE AGOSTO

Dividir nossas experiências, boas ou más, num programa de recuperação faz parte da recuperação propriamente dita.

14 DE AGOSTO

A recuperação, em homens e mulheres, acontece quando ela é procurada pelo bem que proporciona em vez de pelo efeito que vai causar no nosso relacionamento ou casamento.

Quando alguém está realmente trabalhando por sua recuperação, não ostenta seja lá o que estiver fazendo para impressionar o outro com sua sinceridade. Se você está preocupada em provar a ele o quanto mudou, precisa ter certeza de que a sua "recuperação" não é apenas mais um passo na dança mortal encenada por dois parceiros encerrados no abraço enganador da obsessão.

15 DE AGOSTO

Se desde a infância você teve de entender ou cuidar de todos à sua volta, provavelmente nunca aprendeu a entender e cuidar de si mesma.

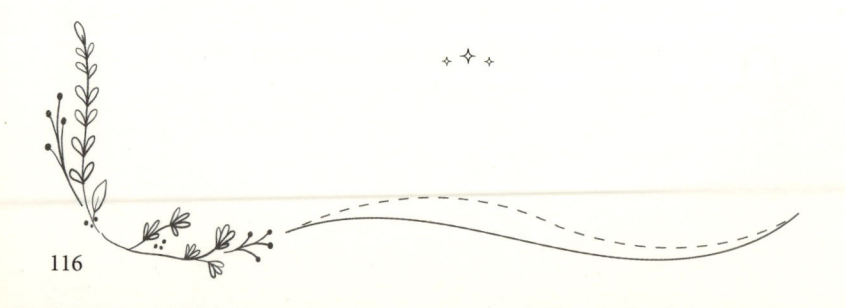

16 DE AGOSTO

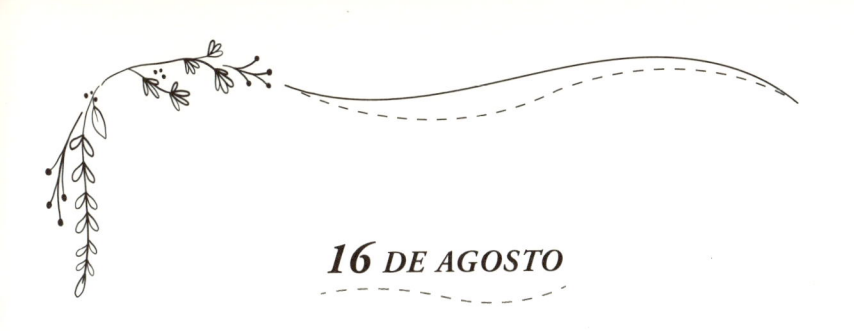

Se você viveu uma infância caótica, quando adulta achará que, quanto maiores as dificuldades para ter um encontro, mais excitante e provocante ele será.

17 DE AGOSTO

Enquanto nossa atenção estiver condicionando nosso relacionamento com outra pessoa ao desenvolvimento de um relacionamento com nosso próprio eu, a aptidão para a intimidade não aumentará.

18 DE AGOSTO

Devemos aceitar e amar nosso eu interior antes de conseguirmos suportar que outra pessoa se aproxime o suficiente para nos conhecer e amar.

19 DE AGOSTO

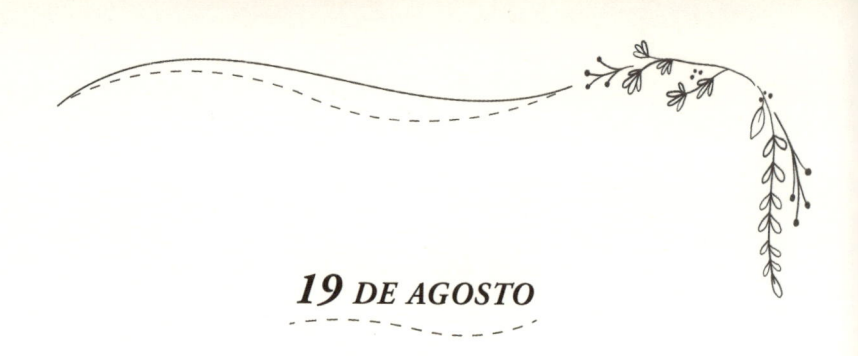

Não podemos ser pisoteadas se não estivermos deitadas.

20 DE AGOSTO

Basta uma pessoa mudar a postura para que toda a estrutura do relacionamento familiar mude automaticamente. Portanto, transformamos muito mais a nossa condição de vida quando mudamos nós mesmas.

21 DE AGOSTO

Infelizmente, muitas de nós preferem a estagnação do *status quo* ao desafio de efetuar mudanças que melhorarão nossa qualidade de vida.

22 DE AGOSTO

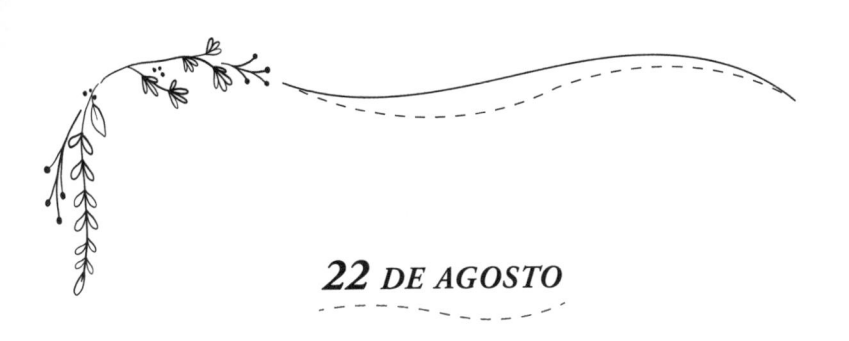

Você deve admitir a possibilidade de que, quando parar de amar demais, seu relacionamento pode terminar.

23 DE AGOSTO

Às vezes, a solidão pode ser tão profunda que você poderá ser capaz de quase sentir o vento soprando no lugar de seu coração. Acolha a solidão e saiba que você não se sentirá sempre assim, e apenas ficando tranquila e ouvindo o seu coração você começará a se encher do calor da autoconfiança.

24 DE AGOSTO

Quanto mais honestas e verdadeiras formos, melhor a nossa vida se tornará.

25 DE AGOSTO

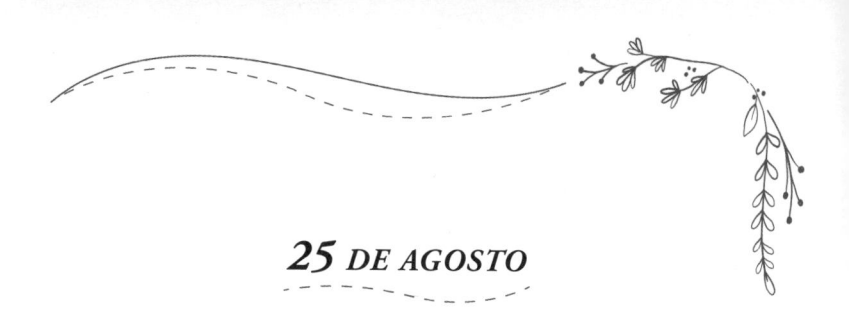

Na recuperação, manter nossa atitude é uma prioridade maior do que tentar receber piedade ou vingar-se.

26 DE AGOSTO

Um casamento realizado como solução para velhos problemas e velhas dores torna-se sempre o maior e mais doloroso problema de todos.

27 DE AGOSTO

Se você é uma mulher destruída, considere pôr em prática em si e na sua condição o conceito do relacionamento viciado, com suas raízes nos traumas da infância e sua tendência a consertar velhos erros. Fazendo isso, você se permitirá iniciar sua recuperação em vez de esperar que o outro mude.

28 DE AGOSTO

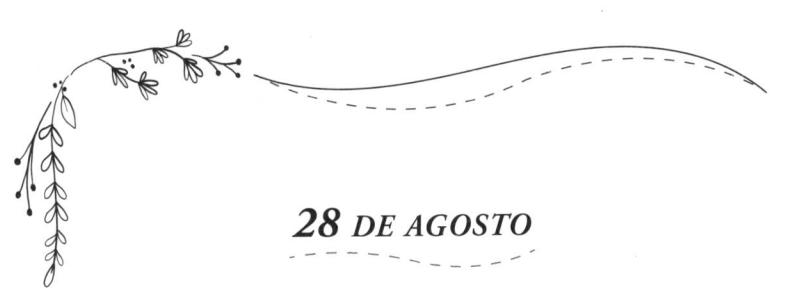

É através do ato do perdão que aprendemos a lição para a qual nossa alma escolheu esta existência.

29 DE AGOSTO

Nossa recuperação exige muito tempo, trabalho e dedicação, mas o custo de continuar amando demais é bem maior.

30 DE AGOSTO

Num grupo de apoio de pessoas que compartilham o mesmo problema, ninguém é autoridade e todos são iguais; cada um se torna responsável pela procura de nossas próprias verdades.

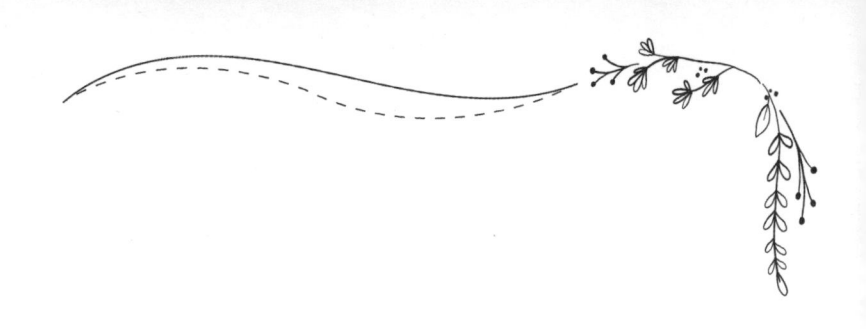

31 DE AGOSTO

*A*prender a se envolver sexualmente com outra pessoa de maneira íntima e não competitiva e essencialmente hostil é uma árdua empreitada para muitas dependentes emocionais.

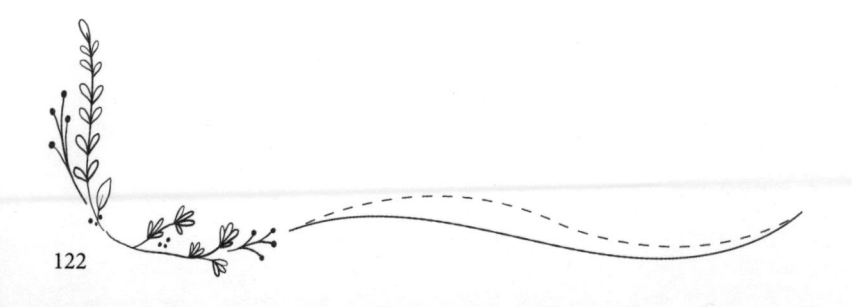

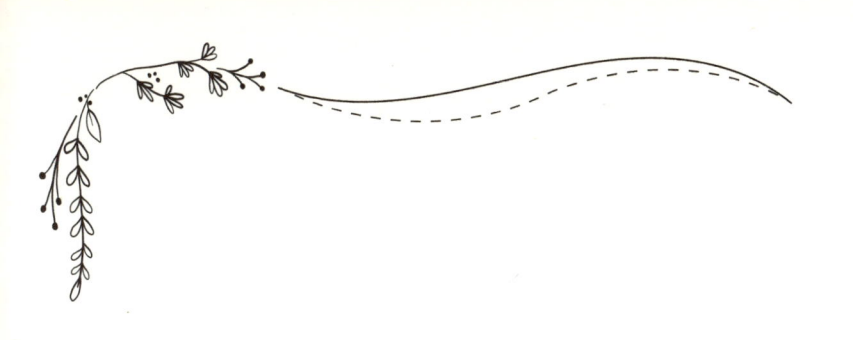

1º DE SETEMBRO

O relacionamento emocional é a mais romantizada de todas as dependências.

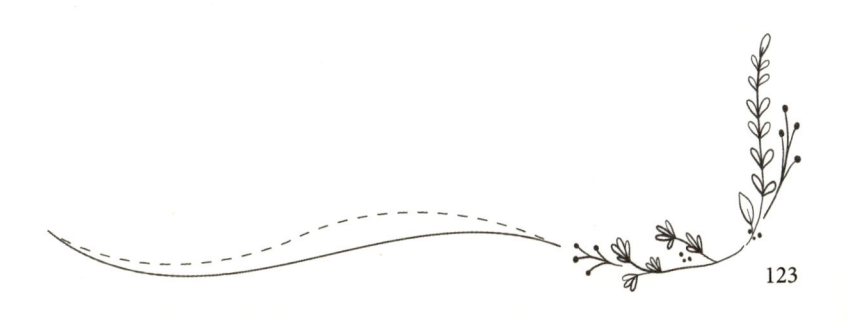

2 DE SETEMBRO

O envolvimento sexual para aquelas que estão conseguindo recuperar-se de amar demais é baseado mais na ternura da verdadeira afeição ao ser humano e na alegria de dividir a intimidade do que na luta para conquistar um amor impossível.

3 DE SETEMBRO

Sem a recuperação, quando pensamos que o problema é partir ou ficar, na realidade ele é realmente sobre ganhar ou perder.

Ironicamente, é mais fácil partir se descobrimos que finalmente é isso que precisamos fazer, após um pouco de recuperação a nosso dispor, porque a recuperação não significa vencer – significa não jogar.

4 DE SETEMBRO

O vício se desenvolve quando a confiança na droga, substância ou atividade passa de escolha a compulsão.

5 DE SETEMBRO

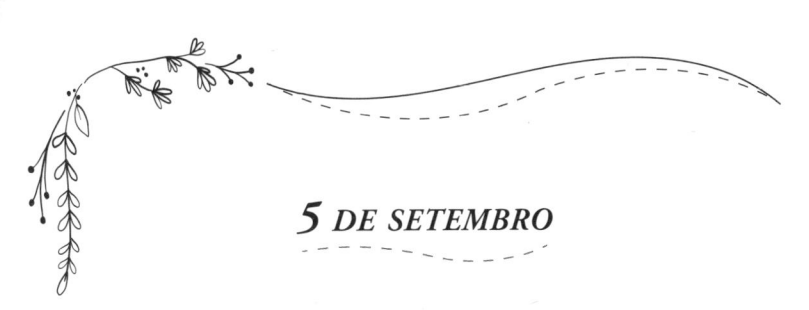

Nós, enquanto civilização, temos meios para "vestir com elegância" os nossos vícios de forma que pareçam livre-arbítrio em vez de compulsão.

6 DE SETEMBRO

Se assumimos muita responsabilidade quando crianças, podemos estar fingindo sermos adultos por muito tempo, pedindo tão pouco por nós mesmos e fazendo tanto por outros a ponto de, agora, parecer muito tarde para voltar atrás.
Mas não é.
Comece a aprender a dar a volta por cima.

7 DE SETEMBRO

Precisamos tratar de nossa luta por sentido, por identidade e por compreensão segundo um caminho espiritual, e não segundo um relacionamento.

8 DE SETEMBRO

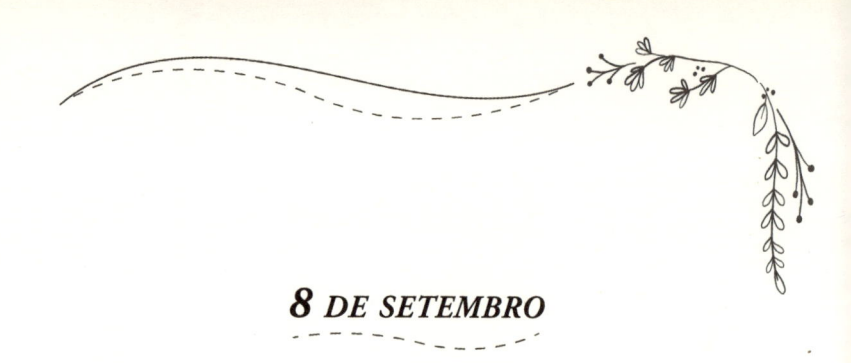

Muitas de nós, que amamos demais, já aprendemos a grande lição espiritual da compaixão. De fato, muitas *exageram* na compaixão. Queremos fazer pelos outros o que eles deveriam estar fazendo por si mesmos.

Estamos, agora, preparadas para a próxima lição espiritual: o desligamento emocional. Devemos aprender a nos desligar – com amor e compaixão – daqueles cujas vidas estamos tentando controlar.

9 DE SETEMBRO

A necessidade de controlar as pessoas sob o disfarce do zelo é típica do relacionamento dependente.

Quando amamos demais, a nossa cura significa *parar* de procurar meios de ajudar os outros.

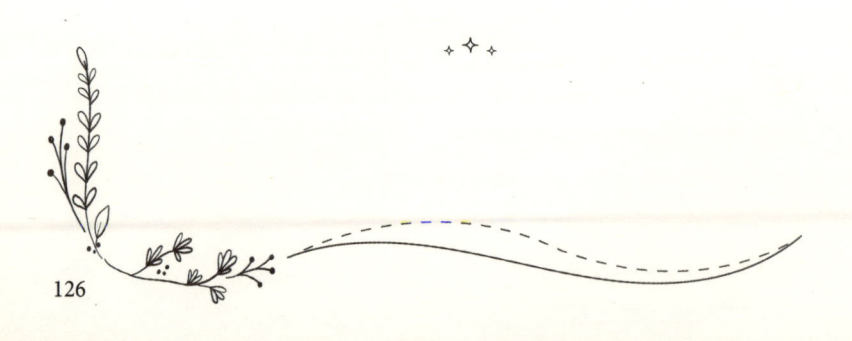

10 DE SETEMBRO

Quando passamos a agir de determinadas maneiras para conquistar a aprovação e o amor de outros, começamos a aprender quem de fato somos.

✧

11 DE SETEMBRO

Quando começamos a querer perdoar o outro, somos imediatamente agraciadas com todo o entendimento que precisamos ter da condição de vida daquela pessoa.

✧

12 DE SETEMBRO

A espiritualidade, assim como a caridade, começa em casa. Devemos admitir que tendo menos problemas e mais tempo para pensar sobre grandes verdades podemos desenvolver melhor nosso lado espiritual.

Mas é exatamente ao lidar com os problemas e pressões da vida que nossos defeitos de caráter são expostos e, por fim, mediante muito esforço, educados.

Isso é desenvolvimento espiritual.

13 DE SETEMBRO

À medida que nos tornamos mais capazes de aceitar as pessoas *como elas são*, podemos escolher as que são boas para nós e abençoar e deixar livres as que não são.

14 DE SETEMBRO

Na primeira vez em que caímos no fundo do poço, normalmente procuramos desesperadas por ajuda.

Depois, orar com humildade se torna uma parte valiosa de nossos esforços para colocar nossa vida no rumo que desejamos.

Finalmente, no momento em que reconhecemos que o valioso exercício da oração serviu para nosso despertar espiritual, estamos aptas a agradecer pelos próprios problemas que nos levaram ao fundo do poço.

15 DE SETEMBRO

Se você quer se recuperar, deve deixar de lado a ideia equivocada de que seu grau elevado de atração sexual ou sensualidade tem, ou já teve, a ver com amor.

16 DE SETEMBRO

Quando fazemos um progresso significativo em determinada área, em geral a vida nos apresenta um teste que mostra se realmente aprendemos ou não nossa lição, tipo uma prova final em que devemos ser aprovadas no fim do ano letivo para passar de ano.

Por exemplo, justamente quando superou a perda de um relacionamento, a pessoa te telefona, e você fica tentada a provar a ela e a você mesma que o relacionamento enfim acabou. É um passo perigoso. Para ser aprovada no teste, você não precisa encontrá-la de novo e sobreviver com seu coração intacto. Você precisa privar-se de vê-la definitivamente.

17 DE SETEMBRO

Se queremos transformar nossa vida, o mais importante é mudar as atitudes em vez da situação. A não ser que mudemos nossas atitudes, a situação ficará muito difícil de ser modificada.

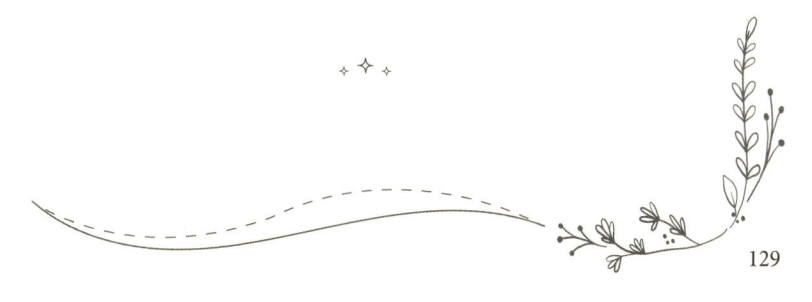

18 DE SETEMBRO

A não ser pela agressão física e/ou a humilhação emocional, o relacionamento violento, com toda a sua intensidade, encaixa-se melhor no nosso conceito cultural de como o "amor verdadeiro" se expressa.

Em um relacionamento saudável e estável, nenhuma mulher é cortejada com tanta intensidade quanto um sedutor corteja a sua parceira nas fases de paquera e lua de mel em um relacionamento abusivo.

Uma das compensações para a mulher violentada é que, durante a fase da lua de mel, após ter sido ferida, ela se sente forte e poderosa, no controle de seu parceiro.

A necessidade de controlá-lo é, normalmente, o principal motivo da vítima para continuar no relacionamento.

Se você é uma mulher violentada há motivos para se manter nessa condição ameaçadora para a qual existe um programa de recuperação.

19 DE SETEMBRO

Não podemos jamais desistir de tornar-nos mais tolerantes, piedosas, compreensivas, capazes de praticar o desapego com amor, ser menos teimosas, medrosas, intrometidas e controladoras porque *precisamos* disso para sobreviver, com certo grau de serenidade, na arena emocional da vida.

20 DE SETEMBRO

O programa de recuperação de amar demais é para aquelas que *querem* se recuperar, não para aquelas que *precisam*. A maioria das mulheres *precisa* se recuperar de todos os grandes e pequenos meios que usam para se ferir e magoar os outros forçando problemas, tentando administrar e controlar pessoas e acontecimentos, praticando a negação e satisfazendo sua teimosia. Mas poucas de nós *preferem* trabalhar seus próprios problemas a se preocupar com os dos outros. E assim continuamos a tentar mudar o que não podemos em vez do que nos compete.

※ ✧ ※

21 DE SETEMBRO

Todo problema é um caminho para Deus, designado por sua alma para chamar a sua atenção.

※ ✧ ※

22 DE SETEMBRO

Quando a sua recuperação se torna *prioridade*, quando a sua atenção se concentra nela em vez de se concentrar no outro, então sua grande individualidade acerta o passo e faz por você o que não pode fazer por si só.

23 DE SETEMBRO

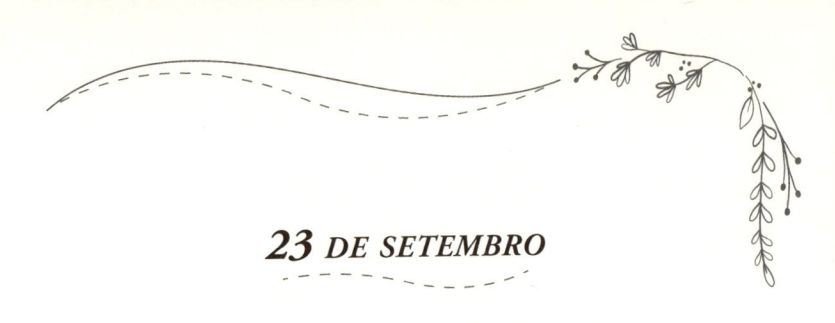

Quando alguma coisa ou alguém não se comporta como gostaríamos, podemos continuar equilibradas ou nos jogarmos numa bebedeira emocional.

Ficar equilibradas nos prende à nossa dignidade, eleva nossa autoestima e fortalece nossa serenidade.

Atirar-nos em críticas, resmungos, gritos, súplicas, atitudes prejudiciais e ameaças, como qualquer outro porre, deixa-nos de ressaca.

24 DE SETEMBRO

A cura é alcançada através da mudança de consciência, de uma mudança interior.

A cura é alcançada através do pedido de perdão a nós mesmas, à vida e a Deus.

A cura é alcançada quando renunciamos a nossas crenças sobre o que *deveríamos* ser e nos tornamos abertas a aceitar e, com o tempo, até apreciar o que simplesmente *é*.

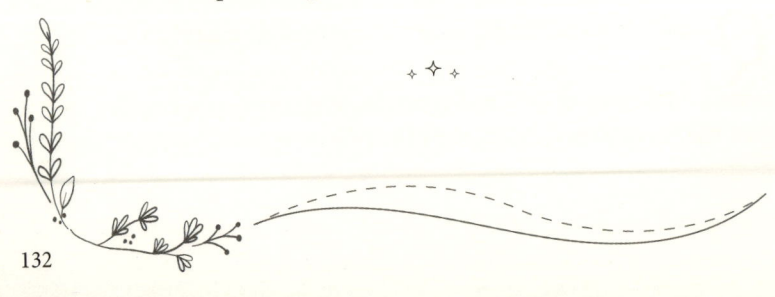

25 DE SETEMBRO

Toda doença, toda injúria, toda experiência sofrida serve, no fim, para limpar e purificar.

Embora não possamos sempre compreender exatamente como isso acontece, se guardarmos essa lição em nossas mentes, poderemos começar a descobrir alguns dos caminhos valiosos que nossas dificuldades nos apresentam.

26 DE SETEMBRO

A doença física pode funcionar como um indicador de nossas fugas psicológicas. É um alerta de que precisamos encontrar uma solução para uma determinada questão, cuja importância nos recusamos a admitir.

Por todos os sintomas manifestados, no entanto, o corpo acaba revelando o que tentamos negar.

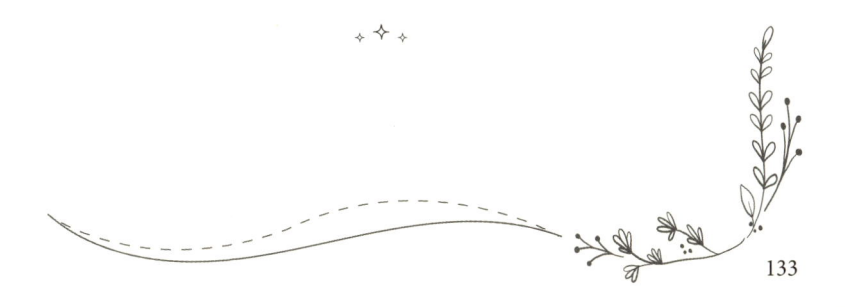

27 DE SETEMBRO

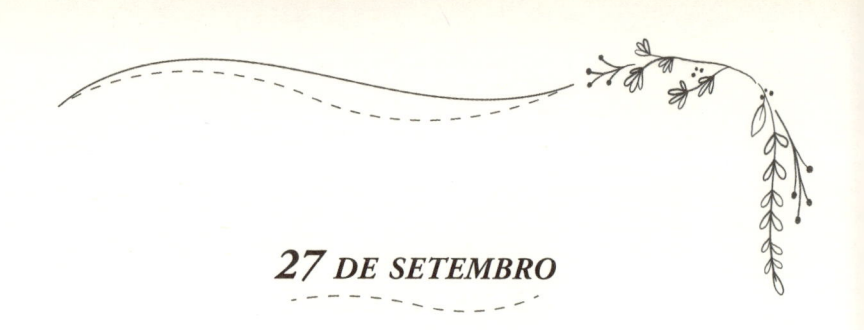

O traçado de sua vida não pode ser visto facilmente enquanto você estiver ocupada em vivê-la.

Acredite não apenas que *existe* um traçado e que ele é lindo, mas que, quanto mais você acredita nele, mais bonito ele fica.

28 DE SETEMBRO

Toda situação difícil na vida é um teste, e, à medida que nos desenvolvemos, esses testes também se desenvolvem, desde as situações que colocam à prova nossa coragem física àquelas que testam nossa coragem moral, nossa integridade pessoal e nossa capacidade de autoconhecimento.

Nenhum desses testes é fácil, mas, no momento em que passamos em um, não temos de repeti-lo sempre *no mesmo nível*.

Quando parecer que o mesmo teste está sendo reaplicado, é sinal de que ainda não aprendemos a lição ou de que não a aprendemos num bom grau de profundidade.

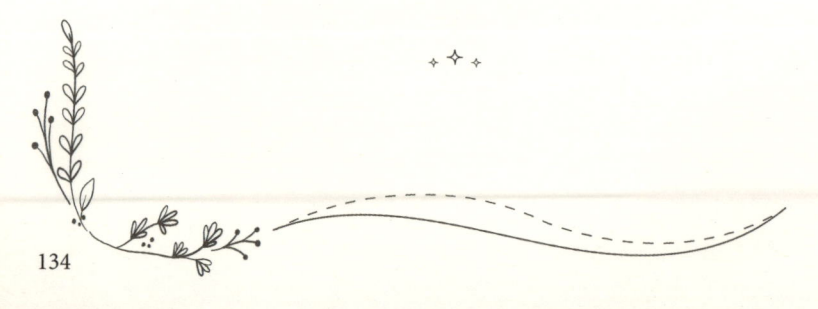

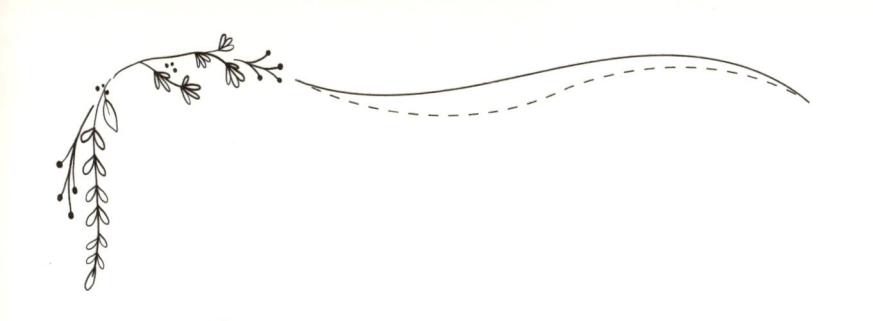

29 DE SETEMBRO

Lembre-se de que temos de piorar até conseguirmos melhorar, que temos de mergulhar bem fundo no problema *para* finalmente nos rendermos à sua cura – seja lá o que isso possa significar.

30 DE SETEMBRO

Todo desafio circunstancial é também um desafio emocional. Quanto maior o desafio, maior o *potencial* de seu crescimento espiritual.

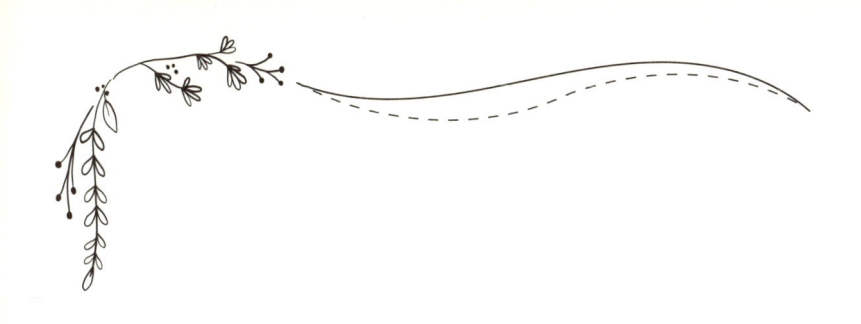

1º DE OUTUBRO

Nossa alma não nos dá chance de escolher nossos padrões de vida. Ela sabe o que precisamos vivenciar e faz com que sejamos atraídas às mais variadas experiências sem um consentimento consciente.

Mas nós *temos* chances de saber como confrontar essas experiências. É aí que entra o nosso livre-arbítrio.

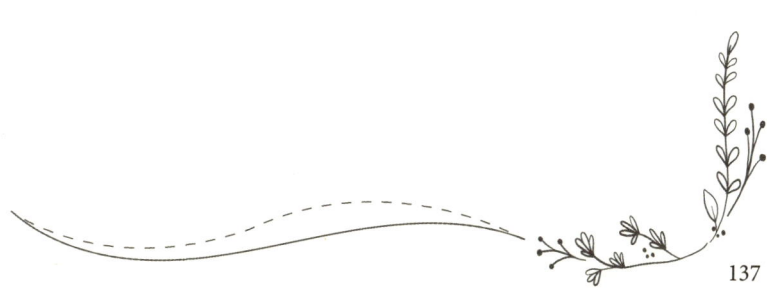

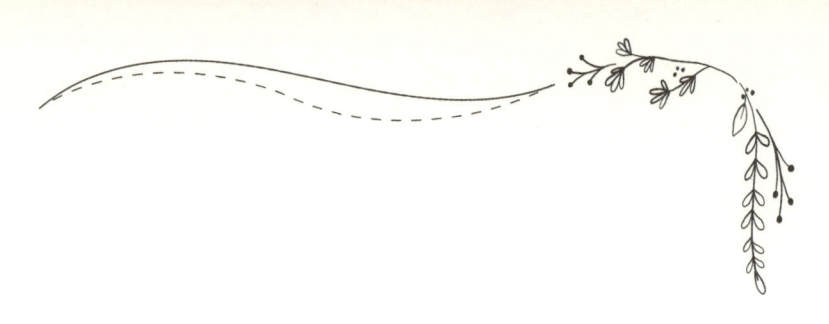

2 DE OUTUBRO

Assim como o alquimista que se empenha em extrair ouro do metal bruto, será que você procura por algo precioso nos mais enfadonhos e desalentadores aspectos da sua vida?

Se é isso que você faz, você *encontrará* isso lá, à espera de sua descoberta consciente.

3 DE OUTUBRO

Muitas mulheres que amam demais descobrem que a obsessão por outra pessoa representa no dia a dia 90% ou mais do que elas dedicam em termos de pensamentos, sentimentos, comportamento e uso de sua energia pessoal. Sobram apenas 10% para lidar com *todos os outros* aspectos da vida.

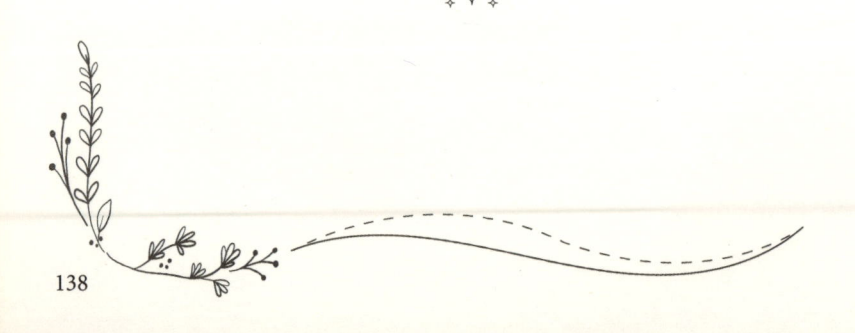

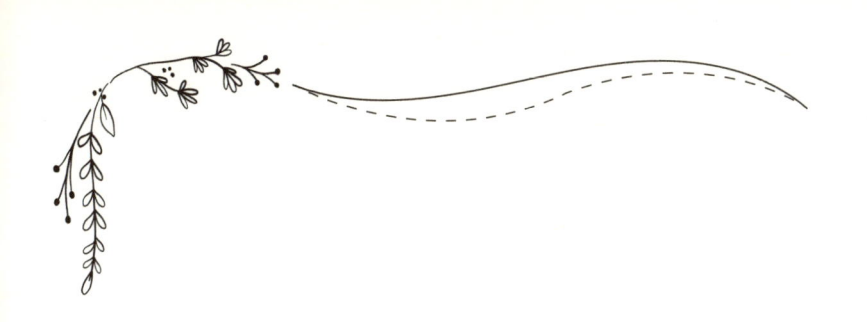

4 DE OUTUBRO

Quando estamos desesperadas, cheias de dificuldades, podemos ansiar por uma história mais feliz e uma situação de vida mais promissora.

Para o nosso desenvolvimento espiritual, no entanto, nossas adversidades e aflições são obstáculos necessários contra as quais nos colocamos à prova de forma a crescer na direção de tudo o que somos, na essência, capazes de ser.

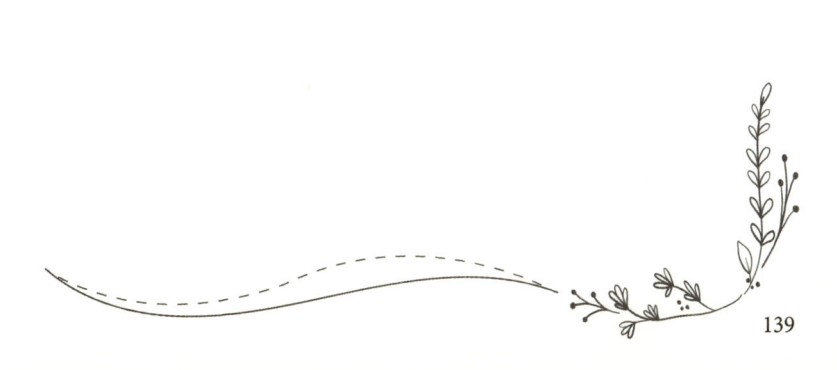

5 DE OUTUBRO

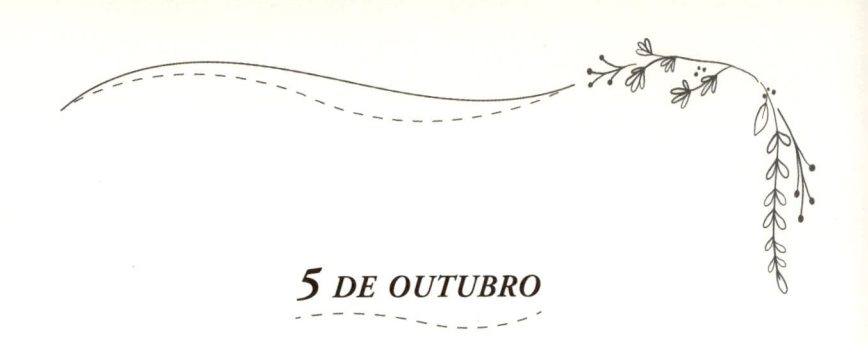

Alguns pais proporcionam as prazerosas dádivas do amor, segurança, compreensão e apoio, enquanto outros oferecem poucos atributos e condições de vida menos agradáveis e confortáveis. Mesmo assim, tudo isso também é uma dádiva.

Talvez na sua família de origem:

Uma mãe fria e indiferente a tenha forçado a abandonar sua forte dependência e se virar sozinha, ou...

Um pai crítico e proibitivo levou-a, no afã de ganhar a aprovação dele, a assumir desafios que você, sob outros aspectos, jamais aceitaria, até que um dia se deu conta das coisas inacreditáveis que realizou, ou...

A mãe ou o pai sagazmente cruel a sensibilizou a ver como uma palavra, um olhar ou gesto poderia magoar, e agora você propositalmente age de forma mais piedosa na sua vida diária do que faria em outras condições.

Embora você possa desejar que a sua infância tivesse sido perfeita, deve saber que pais e condições de vida menos-do--que-perfeitos podem ter lhe proporcionado o empurrão necessário para qualquer tipo de maturidade, crescimento e compreensão que você possa reivindicar hoje.

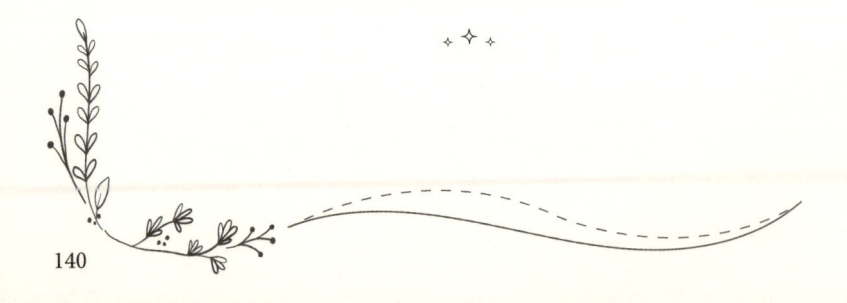

6 DE OUTUBRO

É preciso *desejo* para desenvolver a sua espiritualidade, e não fé.

Normalmente junto com o desejo vem a fé.

Se você não deseja ter fé, provavelmente não a conseguirá, mas com a prática espiritual você encontrará, ainda assim, mais serenidade do que tinha antes.

✧

7 DE OUTUBRO

Se você acredita ou não em Deus, e se acredita e não sabe se está ou não de bem com Ele, você ainda pode desenvolver a sua espiritualidade.

Descubra o que lhe dá paz e serenidade, e reserve algum tempo, pelo menos meia hora por dia, a essa prática. A disciplina pode e deve lhe trazer alívio e conforto.

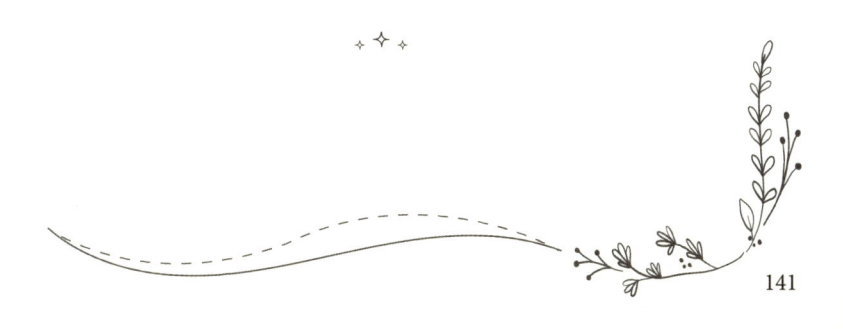

✧

8 DE OUTUBRO

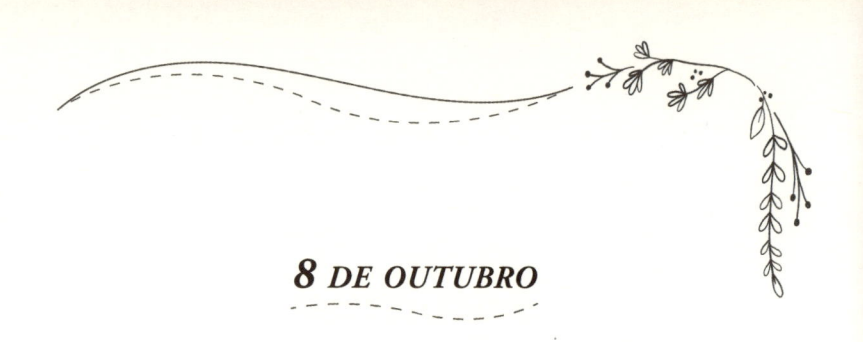

Se você quer passar pelo doloroso fim de um relacionamento com a máxima rapidez e a menor dor possíveis, faça isto:

Todas as vezes que seus pensamentos se voltarem ao outro, faça uma oração sincera para o bem maior dele.

Ponto final.

Não tente definir qual *é* o bem maior dele, por exemplo, que tenha juízo ou aprecie o quanto você foi boa para ele, ou pare de beber ou abandone a nova namorada e volte para você. Você não pode saber qual é esse bem maior – somente Deus sabe.

Mesmo que tenha demorado anos para você se recuperar de relacionamentos anteriores, ficará espantada ao ver como a sua cura será rápida se seguir esse ensinamento.

✧

9 DE OUTUBRO

Quando medimos o tamanho de nosso amor pela profundidade de nosso tormento, estamos amando demais.

10 DE OUTUBRO

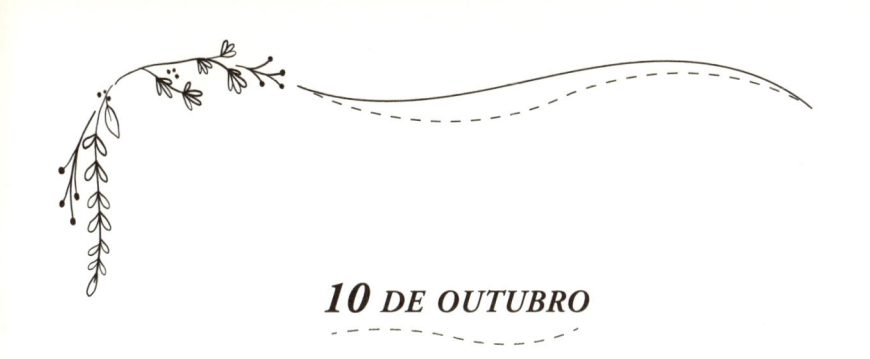

A má notícia é: não há atalhos nos modelos de quem ama demais.

Se você decidir realmente se modificar, será necessário – como em toda mudança terapêutica – anos de trabalho e compromisso total, sem interrupções.

A boa notícia é: se você escolher iniciar o processo de recuperação, *deixará de ser* uma mulher que ama demais a ponto de se ferir para se transformar em uma mulher que ama tanto a si mesma a ponto de dar fim à sua dor.

11 DE OUTUBRO

Quando você tem vontade de pegar no telefone e ligar para aquela pessoa impossível, está enfrentando uma luta similar à que os alcoólicos enfrentam para não dar o primeiro gole.

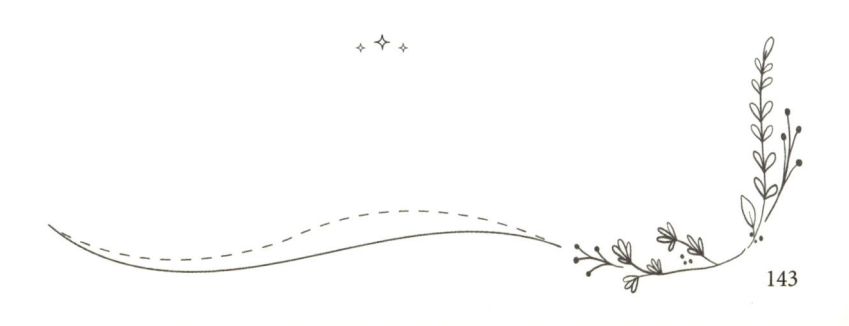

12 DE OUTUBRO

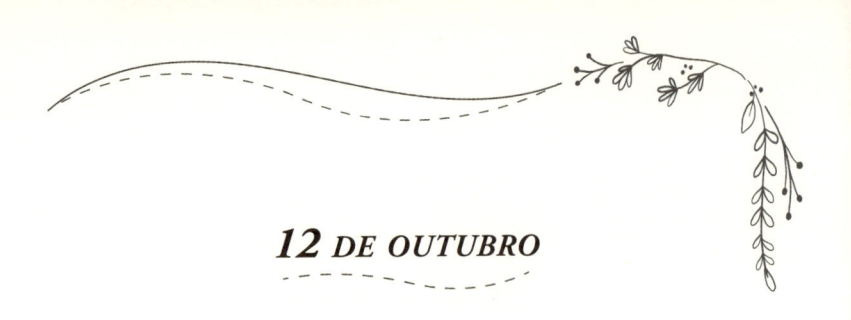

Existe, dentro de cada um, uma forte necessidade de arrebatar um final feliz mesmo que seja da mais desastrosa aliança emocional. Esse desejo numa mulher que ama demais pode ser perigoso, até mesmo ameaçador.

13 DE OUTUBRO

Como mulheres que amam demais, adoramos acreditar na nossa capacidade de ter uma excelente relação íntima apesar de estarmos com parceiros que não nos oferecem essa possibilidade. No entanto, na verdade tendemos a escolher parceiros com as mesmas características que nós.

Se nossos parceiros não conseguem tolerar a intimidade, continuamos com eles provavelmente porque também não conseguimos. Isso porque a intimidade, na realidade, parece ameaçadora; é mais fácil para nós mantermos o desejo de tê-la do que vivê-la.

Ironicamente, quando paramos de rotular o outro como "o problema", um maior grau de intimidade aos poucos começa a ser possível.

14 DE OUTUBRO

Nosso trabalho deve ser feito sempre dentro de nós mesmas, mudando nossa própria essência.

✧

15 DE OUTUBRO

Quando você lê um livro de autoajuda e sublinha todas as passagens que acha que vão ajudar o *outro*, você está amando demais.

✧

16 DE OUTUBRO

Às vezes, mesmo muito depois de termos nos separado de alguém, somos tentadas a descobrir alguma coisa sobre a pessoa – o que está fazendo, se está se relacionando com alguém, e com quem etc.

Há uma lei espiritual que diz que tudo o que devemos saber nos será revelado *sem qualquer tipo de esforço de nossa parte*. Somos suficientemente sábias para acreditar no ritmo da alma, assim como em seus métodos para fazer tais revelações.

Qualquer coisa a mais equivale a forçar problemas, o que faz parte de nossa doença.

17 DE OUTUBRO

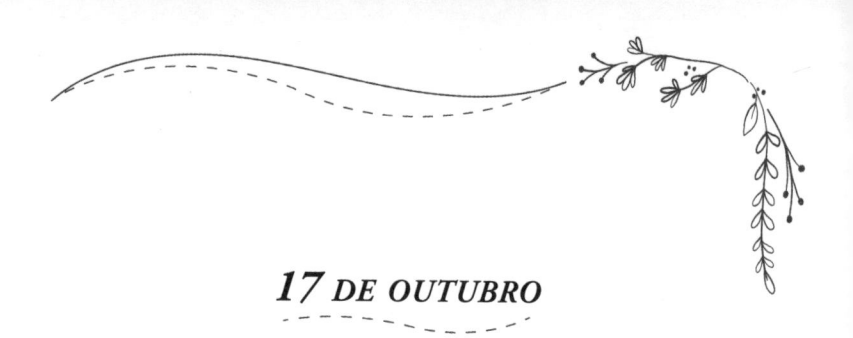

É aceitando o outro *como ele é* que se permite que ele mude, *se assim o desejar.*

✧

18 DE OUTUBRO

A habilidade que temos de ser muito mais felizes e realizadas como pessoas vai além da nossa imaginação. Normalmente não reivindicamos essa felicidade porque acreditamos que o comportamento *de outra pessoa* está nos impedindo de alcançá-la. Ignoramos a obrigação de evoluir enquanto estamos conspirando, manobrando e manipulando para modificar alguém, e ficamos aborrecidas, desencorajadas e deprimidas quando nossos esforços são infrutíferos. Tentar modificar alguém é um ato frustrante e depressivo, mas exercer o poder que temos para efetuar a mudança em nossas vidas é estimulante.

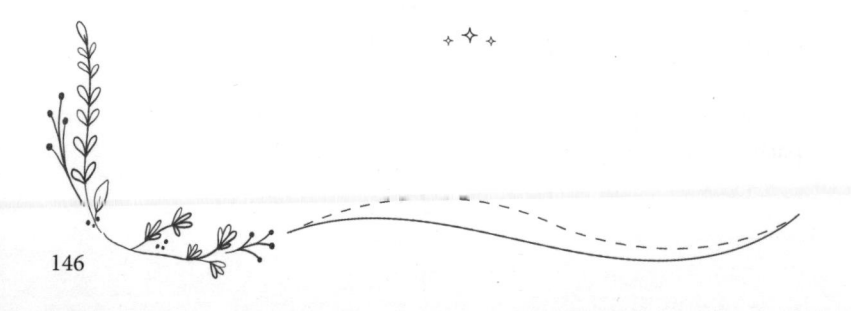

✧

19 DE OUTUBRO

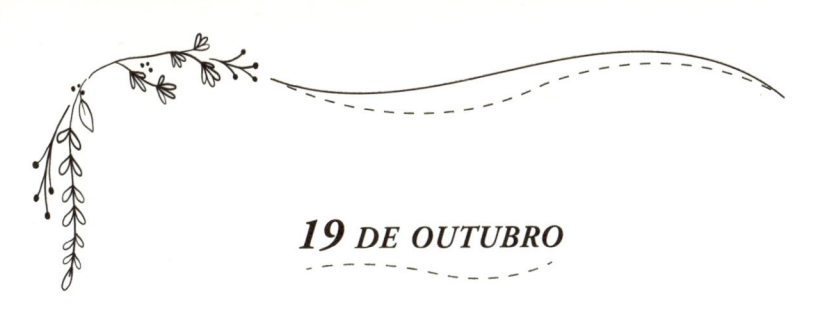

Uma mulher que usa relacionamentos como se fossem drogas fará sempre uma negação completa a respeito do fato como qualquer dependente químico, e terá também grande resistência e medo de se livrar de seus pensamentos obsessivos quanto de seus meios controladores de interagir com pretendentes.

20 DE OUTUBRO

Para a mulher que ama demais, sua questão primária é o vício na dor e na familiaridade com um relacionamento desigual. Na verdade, isso é resultante de padrões de vida que se iniciaram na infância, mas, para começar um tratamento de recuperação, ela *precisa*, antes de tudo, lidar com seus padrões de vida no presente. Não importa quanto o outro seja doente ou cruel ou incompetente, ela precisa entender que qualquer movimento no sentido de mudá-lo, ajudá-lo, controlá-lo ou culpá-lo é uma manifestação da doença *dela*, e que precisa eliminar esses comportamentos antes que outras áreas de sua vida comecem a melhorar. Seu único e verdadeiro trabalho é consigo mesma.

21 DE OUTUBRO

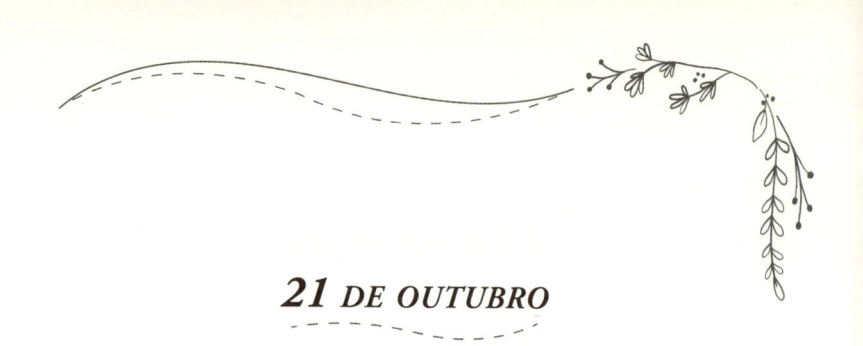

Você pode achar que tem pouco a falar a respeito, uma vez que todas as engambelações, discussões, ameaças, brigas e reconciliações chegam ao fim. Isso acontece porque durante todo o tempo você teve um relacionamento com alguém que você achava que poderia, deveria e iria ser – com a sua ajuda – em vez do que ele realmente era.

22 DE OUTUBRO

Uma das consequências de deixar de manipular e controlar os outros é que você deve abandonar o rótulo de "ser útil", mas, ironicamente, o próprio ato de se livrar disso costuma ser a única coisa mais útil que você pode fazer pela pessoa que ama. O rótulo de "ser útil" é uma vaidade egoísta. Se você realmente deseja ser útil, se liberte dos problemas dele e ajude a si mesma.

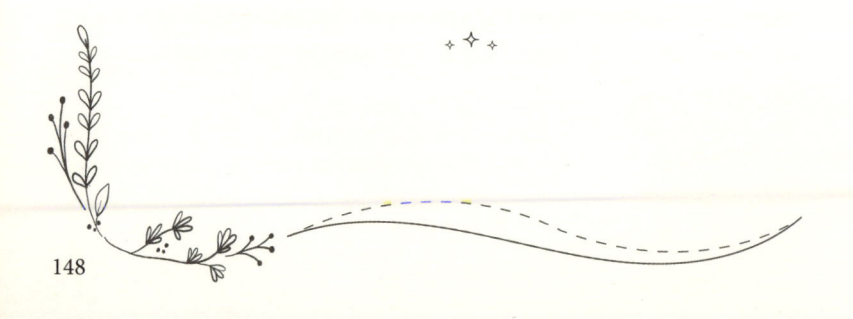

23 DE OUTUBRO

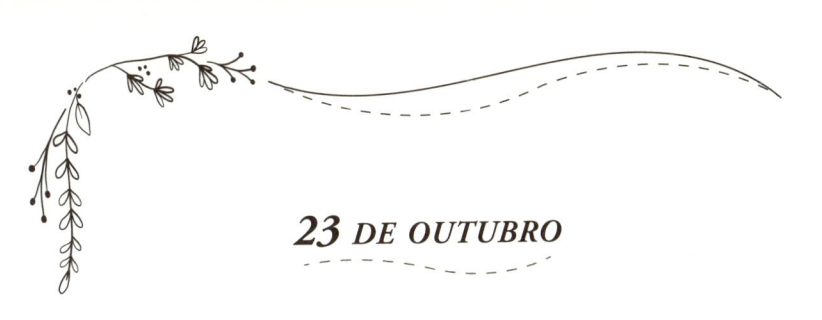

Se você acha que está participando de um círculo vicioso de acusações, réplicas, culpas e contra-acusações, pare. Esse não é o caminho, não importa a sua intenção. Pare de tentar ganhar sempre. Pare até mesmo de insistir em brigar ou em fazer o outro dar uma boa razão ou desculpa para seu comportamento ou negligência. Pare de ter necessidade de que ele se desculpe sempre.

24 DE OUTUBRO

Muitas de nós que amamos demais somos pegas culpando outras pessoas pela própria infelicidade enquanto negamos nossos defeitos e escolhas. Essa é uma abordagem insidiosamente sedutora da vida que deve ser eliminada, e a melhor maneira de fazer isso é lançando um olhar bom, firme e honesto sobre si mesma. Somente enxergando os problemas e defeitos (assim como sucessos e pontos a favor) como nossos, em vez de oriundos de outras pessoas, é que podemos dar os passos para mudar o que é necessário.

25 DE OUTUBRO

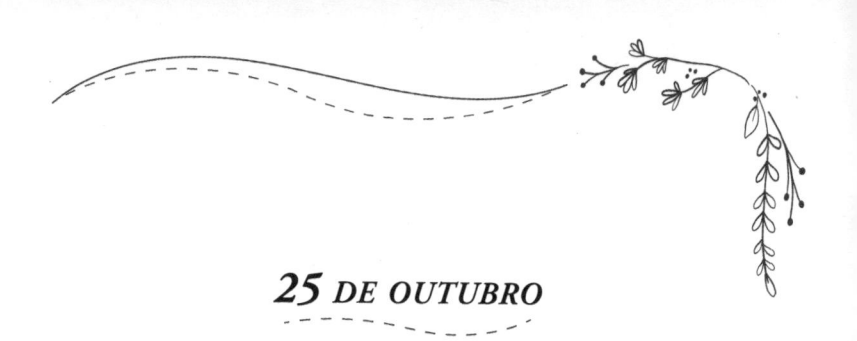

Tente fazer pelo menos uma atividade totalmente nova por semana. Veja a vida como um grande bufê e sirva-se do maior número de experiências de modo a descobrir quais delas mais lhe agradam.

26 DE OUTUBRO

Cultivar seja lá o que for necessário em si mesma significa não ter de esperar o outro para fazer uma mudança antes de engrenar na sua vida. Em vez de fazer com que seus planos dependam da cooperação dele, execute-os como se não tivesse ninguém, a não ser você, em quem se apoiar. Considere como seguiria até mesmo sem conhecê-lo. Você verá que existe um número enorme de caminhos empolgantes que fazem a vida funcionar quando você para de depender dele e faz uso de todas as suas outras opções.

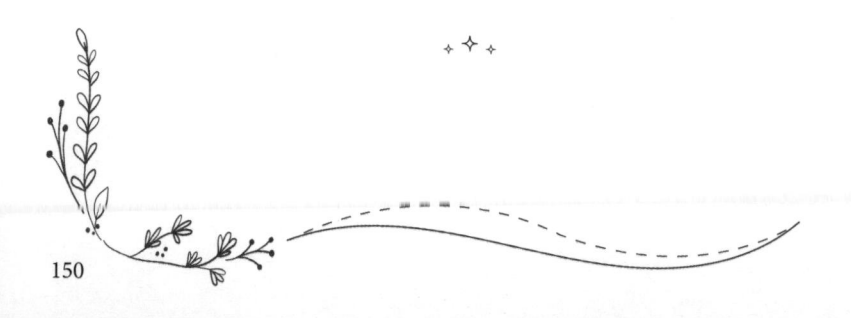

27 DE OUTUBRO

Quando você detesta quase todas as características básicas, valores e comportamentos do outro, mas os tolera achando que, se for atraente e amorosa o suficiente, ele desejará mudar por você, está amando demais.

28 DE OUTUBRO

Qualquer relacionamento significativo realmente tem vida própria com um propósito bem escondido de nossa percepção consciente. De fato, todos os relacionamentos existem por motivos bem diferentes daqueles em que acreditamos, tanto individual ou coletivamente como sociedade. A razão verdadeira *não é* nos fazer felizes, *não é* atender a nossas necessidades, *não é* definir nosso papel na sociedade, *não é* nos manter seguros... mas fazer com que despertemos e cresçamos.

Despertar é desconfortável, e crescer é difícil. Não se admira que sempre seja exigido algo tão irresistível quanto um relacionamento para a conclusão deste processo.

29 DE OUTUBRO

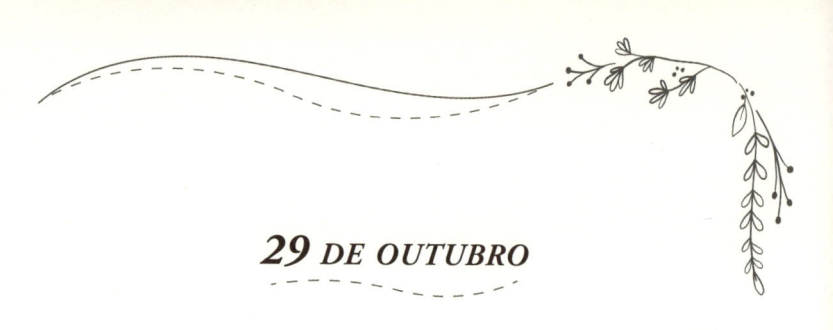

Quando nossos relacionamentos comprometem nosso bem-estar e talvez até nossa saúde e segurança físicas, estamos, definitivamente, amando demais.

30 DE OUTUBRO

Se você já se viu obcecada por uma pessoa, é provável que tenha suspeitado de que a raiz dessa obsessão não era amor, mas medo. Nós, que amamos obsessivamente, somos cheias de medos: de ficarmos sozinhas, de não sermos amadas e de sermos indignas, de sermos abandonadas e ignoradas ou destruídas. Damos nosso amor na esperança desesperada de que a pessoa por quem estamos obcecadas tomará conta de nossos medos. Ao contrário, os medos – e nossas obsessões – se aprofundam até que dar amor para recuperá-los torna-se uma força motriz em nossas vidas. E uma vez que nossa estratégia não funciona, tentamos, amamos, cada vez mais. Nós amamos demais.

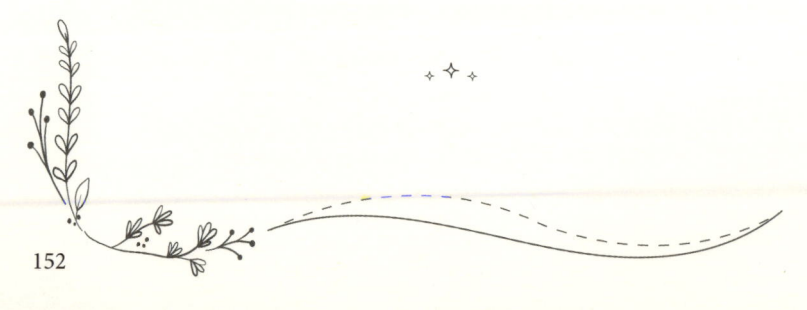

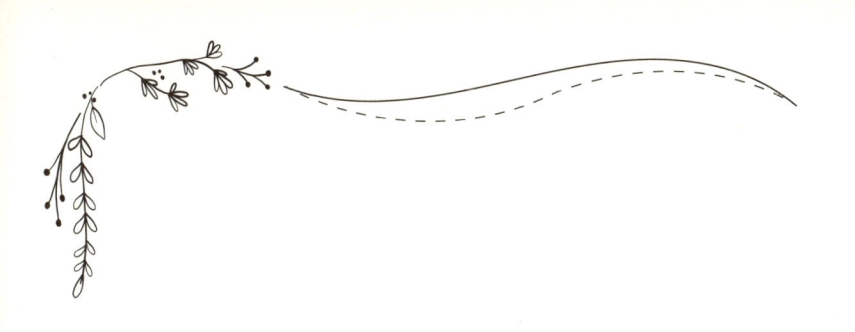

31 DE OUTUBRO

A recuperação não é a porta que se fecha para o velho modo de viver, mas aquela que deve ser aberta diariamente para a experiência mais completa de continuarmos vivas.

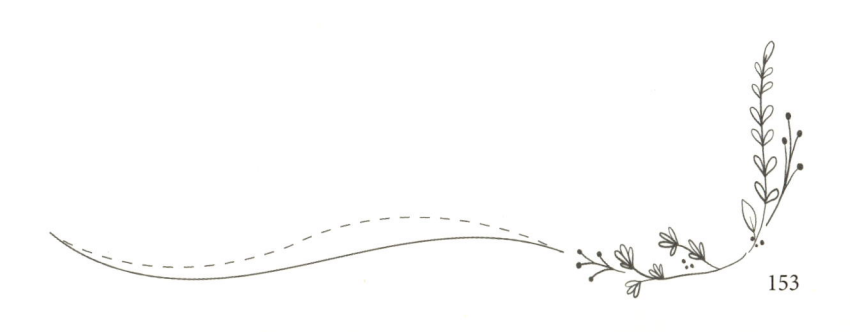

1º DE NOVEMBRO

Alguns homens são dependentes emocionais assim como qualquer mulher pode ser, e os sentimentos e comportamentos deles nascem do mesmo tipo de experiência e dinâmica de origem infantil. No entanto, a maior parte dos homens que foram feridos na infância tenta se proteger e evitar a sua dor perseguindo o que está mais externo do que interno, mais impessoal do que pessoal. Os homens tendem a direcionar a sua obsessão para o trabalho, esporte ou hobbies, enquanto as mulheres tendem a concentrar a sua obsessão num relacionamento – talvez justamente com tal homem ferido e distante.

2 DE NOVEMBRO

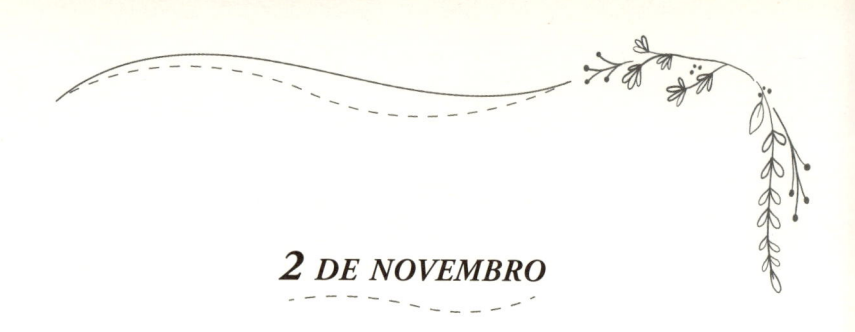

Todos nós tendemos a negar o que é dolorido ou muito ameaçador para que seja possível aceitar.

3 DE NOVEMBRO

Uma das ironias da vida é que as mulheres podem reagir com muita simpatia e compreensão à dor de outra pessoa enquanto continuam tão cegas à (e pela) dor de si mesmas.

4 DE NOVEMBRO

Redirecione a atenção carinhosa de sua obsessão por uma pessoa para sua própria recuperação e sua vida.

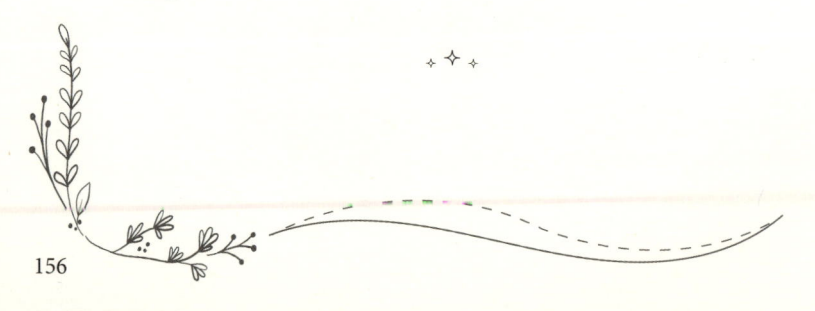

5 DE NOVEMBRO

Amar demais é um padrão que se aprende cedo e se pratica com frequência, e acabar com isso pode ser assustador, ameaçador e constantemente desafiador.

6 DE NOVEMBRO

Nossos corpos *não mentem*. São, portanto, indicadores importantes do que realmente estamos sentindo. No entanto, para algumas de nós, estar desconfortável tem sido nosso estado costumeiro por tanto tempo que nem sabemos, até iniciarmos a recuperação, o que é viver sem aqueles nós no estômago.

Uma vez que conseguimos começar a recuperação, somos menos propensas a fazer certas coisas e buscamos viver de maneira que os nós não voltem mais.

7 DE NOVEMBRO

Amar demais não significa amar muitos ou apaixonar-se várias vezes ou sentir demais a intensidade de um amor genuíno por outra pessoa. Significa, na verdade, ter uma obsessão por uma pessoa e chamar isso de amor.

8 DE NOVEMBRO

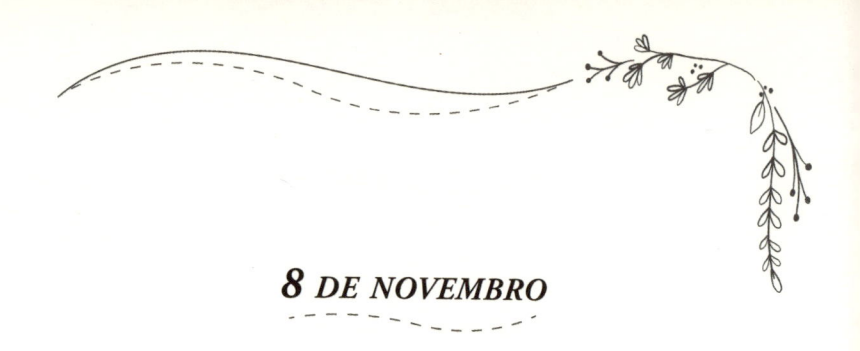

O que todo relacionamento doentio tem em comum é a inabilidade dos parceiros de discutir a *raiz* dos problemas. Pode haver outros problemas que são discutidos, sempre exageradamente, mas eles costumam encobrir os segredos não revelados que fazem com que o relacionamento não funcione. O grau de profundidade do segredo – a inabilidade de conversar sobre suas raízes –, mais do que o grau de seriedade, é que define tanto como o relacionamento se torna disfuncional quanto o estrago que ele faz.

9 DE NOVEMBRO

O fato de que as pessoas que nos atraem mais são aquelas que parecem ser carentes faz sentido, se conseguimos entender que a raiz da atração é o nosso próprio desejo de ser amada e ajudada.

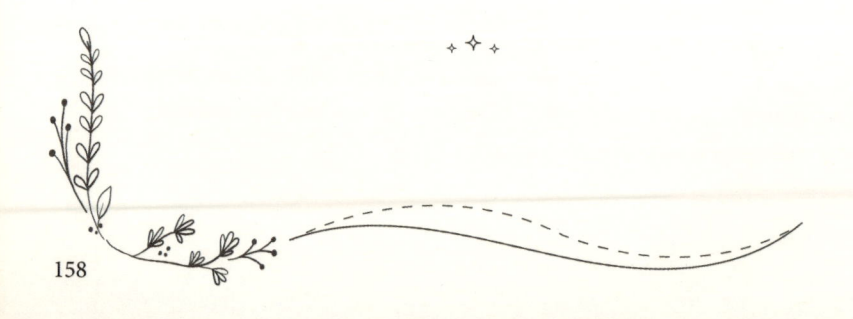

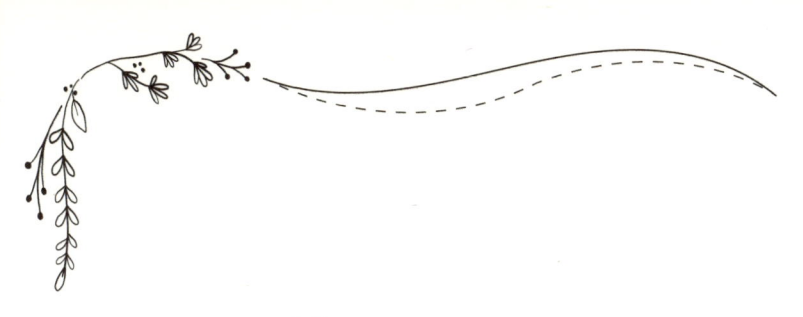

10 DE NOVEMBRO

Se qualquer de seus esforços para o benefício do outro inclui uma destas atitudes:
- Comprar roupas para melhorar a sua imagem;
- Encontrar um terapeuta e suplicar para o outro ir;
- Financiar passeios caros e ajudá-lo a usar melhor o seu tempo;
- Passar por lugares horríveis porque "ele não está feliz aqui";
- Dar a ele parte ou a totalidade de suas propriedades e tudo o que você possui para que ele não se sinta inferior a você;
- Dar a ele um local para viver, onde ele se sinta seguro;
- Permitir que ele abuse de você emocionalmente porque "nunca lhe foi permitido expressar seus sentimentos antes";
- Encontrar um emprego para ele.

Você está, definitivamente, amando demais.

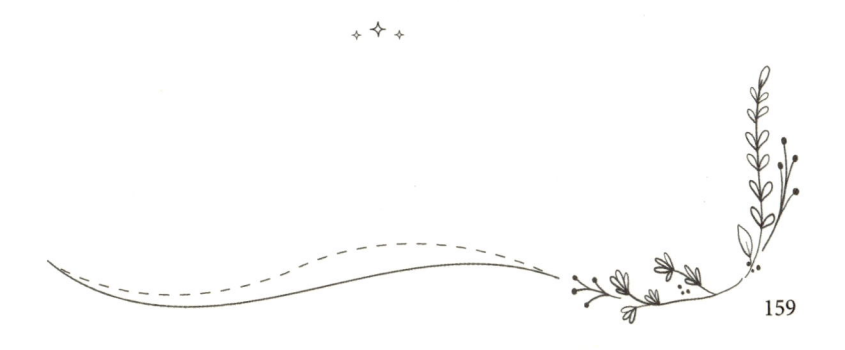

11 DE NOVEMBRO

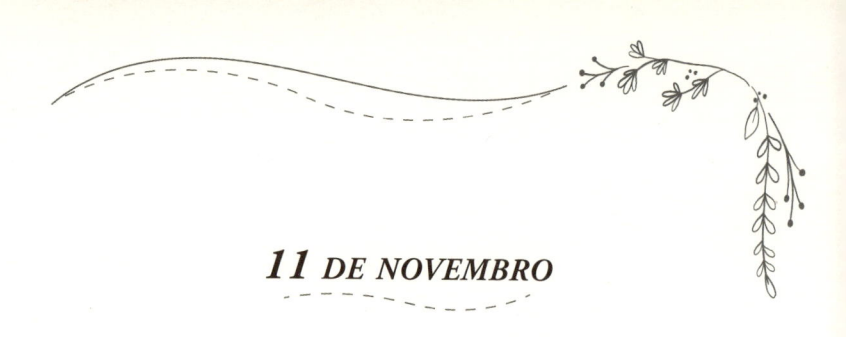

Se tivéssemos relacionamentos com pessoas que eram tudo o que a gente queria, para que precisariam de nós? Todo aquele talento (e compulsão) para ajudar não teria como ser colocado em prática. A maior parte de nossa identidade estaria sem trabalho. Então escolhemos as que não são o que queremos – e imaginamos.

✦

12 DE NOVEMBRO

Com certeza os relacionamentos doentios têm, para nós, semelhantes funções das drogas pesadas. Da mesma forma, os "altos e baixos" dramáticos criam delírios poderosos na vida e nos sentimentos. Sem alguém em quem focar, batemos em retirada, geralmente com muitos dos mesmos sintomas físicos e emocionais que acompanham a abstinência das drogas: náuseas, suores, calafrios, tremores, pensamentos obsessivos, depressão, dificuldade para dormir, pânico e ataques de ansiedade. No esforço de nos livrarmos desses sintomas, retornamos a nossos relacionamentos antigos ou procuramos desesperadamente por novos.

13 DE NOVEMBRO

Todas as mulheres que amam demais possuem uma reserva emocional de experiências que pode levá-las a abusar de substâncias que alteram o cérebro, de modo a escapar de seus sentimentos. Mas os filhos dos dependentes químicos também tendem a herdar uma predisposição genética para o abuso de drogas.

Qualquer dependência química deve ser tratada *primeiro*, antes do relacionamento dependente, porque o uso de substâncias químicas torna impossível a abstenção da prática de qualquer outro vício, incluindo todas as nossas variações favoritas de amar demais.

14 DE NOVEMBRO

Quando você perdoa o mau humor, a irritação, a indiferença e vê tudo isso como problemas causados por uma infância infeliz, e ainda tenta se tornar a terapeuta da outra pessoa, você está amando demais.

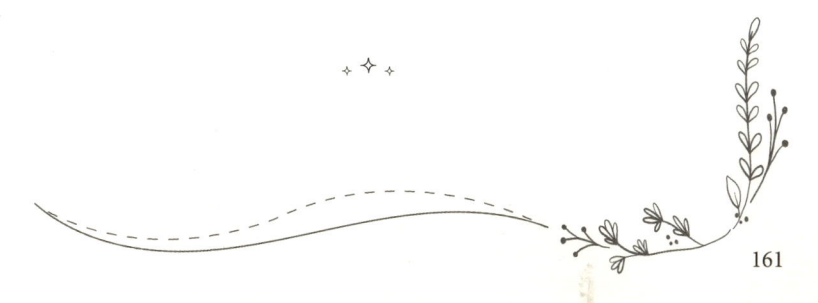

15 DE NOVEMBRO

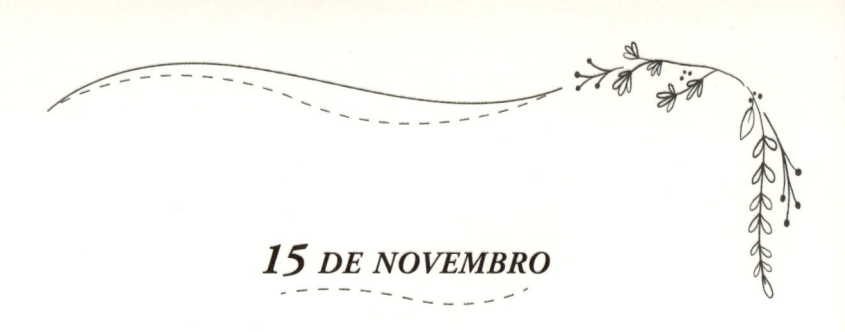

Achamos que o homem instável é excitante, o homem não confiável é desafiador, o homem imprevisível é romântico, o homem imaturo é charmoso e o mal-humorado, um mistério. O homem zangado necessita de nossa compreensão. O infeliz, de nosso conforto. O inconsequente precisa de coragem, e o frio, de nosso calor. Mas não conseguimos "endireitar" um homem que seja maravilhoso exatamente como ele é.

16 DE NOVEMBRO

Todas nós temos fortes reações emocionais a palavras como *alcoolismo*, *incesto*, *violência* e *vício*, e às vezes não conseguimos olhar para nossas próprias vidas de forma realista porque temos muito medo de ser rotuladas ou de rotular aqueles que amamos. Lamentavelmente, nossa inabilidade para usar essas palavras quando elas se aplicam sempre faz com que não consigamos uma ajuda adequada.

17 DE NOVEMBRO

O egocentrismo significa acreditar que você, sozinha, tem todas as respostas. Livrar-se desse egocentrismo significa o desejo de se controlar, ser aberta e estar pronta para dar um rumo para si mesma.

18 DE NOVEMBRO

Quando amamos demais, todos os nossos encontros sexuais são impregnados com nosso empenho para mudar o outro. Com todos os beijos e toques nos esforçamos para lhe dizer o quanto ele é especial e valioso, o quanto ele é admirado e amado. Temos certeza de que no momento em que ele se convencer do nosso amor, se transformará em seu verdadeiro eu e se tornará a personificação de tudo o que queremos e precisamos que ele seja.

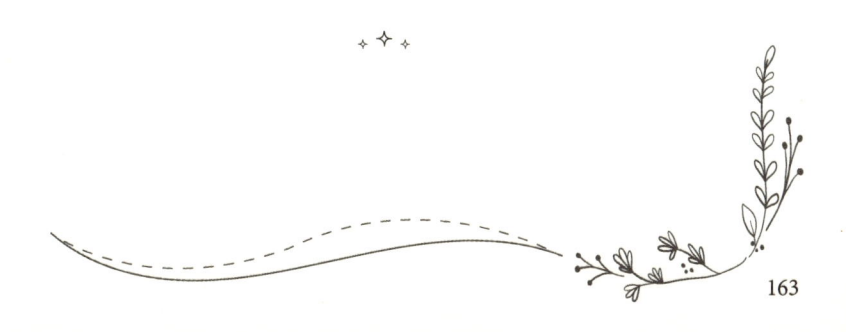

19 DE NOVEMBRO

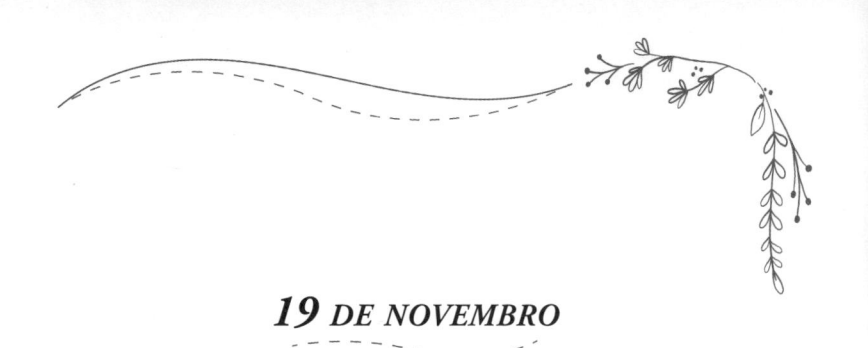

No âmago de todos os nossos esforços para mudar alguém está um motivo básico egoísta, uma crença de que através da mudança dele nós seremos felizes. Não há nada de errado em querer ser feliz, mas colocar a fonte dessa felicidade fora de nós, em outra pessoa, significa que estamos negando nossas habilidades para fazer nossa vida ficar melhor e recusando-nos a assumir a responsabilidade sobre isso.

20 DE NOVEMBRO

O que manifestamos em nossas vidas é um reflexo daquilo que está profundamente dentro de nós: crenças sobre nosso próprio valor, nosso direito de ser feliz, o que merecemos na vida. Quando essas crenças mudam, a vida também muda.

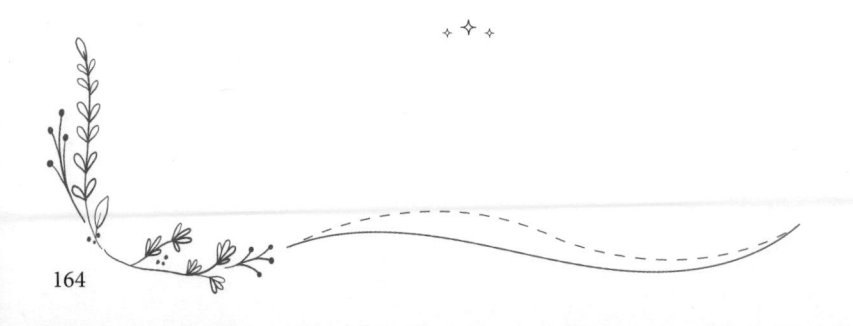

21 DE NOVEMBRO

Reconheça o que é a realidade e permita que ela aconteça sem necessitar mudá-la. É aí que mora uma felicidade que brota não apenas quando manipulamos as condições externas ou as pessoas, mas da evolução de uma paz interior, mesmo na presença de desafios e dificuldades.

22 DE NOVEMBRO

Não há erros na vida, apenas lições. Por isso, abra seu coração e aprenda o que a vida tem a lhe ensinar.

23 DE NOVEMBRO

Quando você para de culpar os outros e assume a responsabilidade por suas escolhas, fica livre para abraçar todo tipo de opções que não estavam à sua disposição quando você se via como vítima. É isso que prepara você para começar a mudar as coisas em sua vida que não são boas ou não lhe estão satisfazendo plenamente: largar o que já superou e embarcar em novos caminhos e projetos.

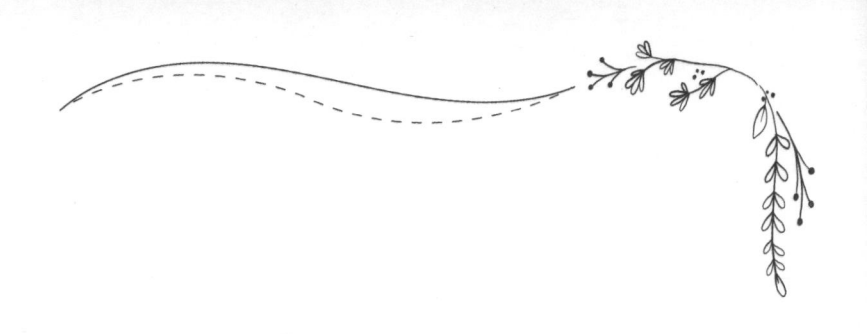

24 DE NOVEMBRO

É comum que aqueles que têm algum vício se juntem a outros na mesma situação. Assim, cada um tenta controlar o problema do outro.

✧

25 DE NOVEMBRO

Faça duas coisas por dia que você não deseja fazer, de forma a alongar e expandir a sua ideia de quem é e do que é capaz de realizar.

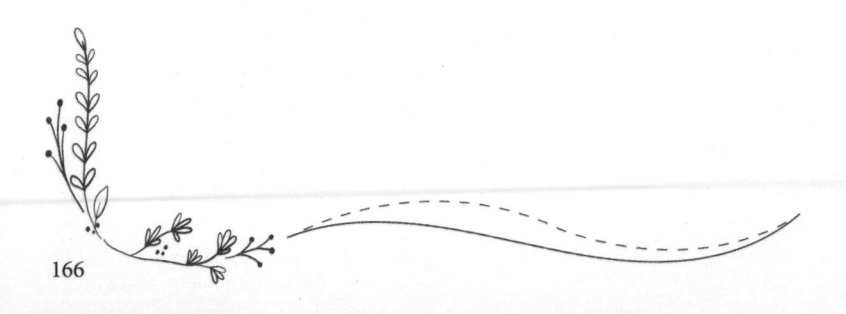

✧

26 DE NOVEMBRO

Ambos, o alcoolismo e o vício de amar demais, são doenças sutis no seu estágio inicial. No momento em que fica óbvio que alguma coisa muito destrutiva está se desenvolvendo, o primeiro impulso é descobrir e tratar as manifestações físicas – o fígado e o pâncreas da alcoólatra, os nervos e a pressão alta das dependentes emocionais – sem estimar precisamente o quadro inteiro da situação. É vital enxergar esses "sintomas" no contexto geral das doenças que os criaram, e reconhecer a existência dessas doenças o mais cedo possível, para conter a destruição permanente da saúde emocional e física.

27 DE NOVEMBRO

Aprenda a se presentear. Presenteie-se com tempo e atenção. Precisamos aprender que podemos ser a fonte de todas as coisas boas em nossas vidas.

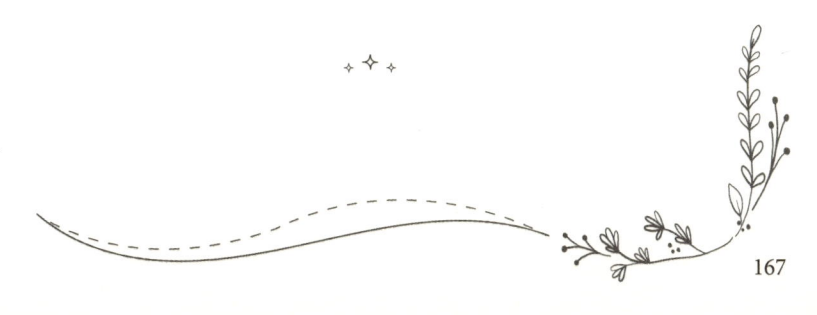

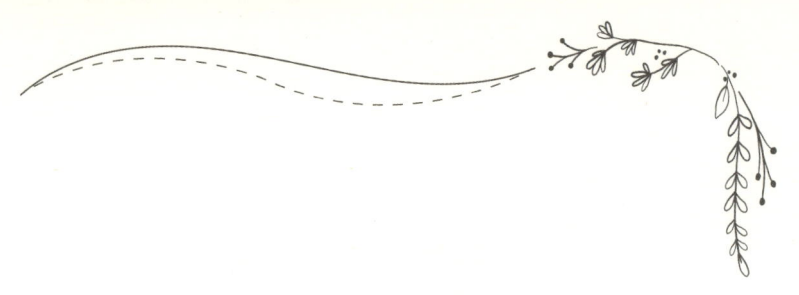

28 DE NOVEMBRO

Se você se recusa a gastar tempo e dinheiro em sua recuperação porque parece um desperdício, considere quanto tempo e dinheiro gastou tentando evitar a dor não só de estar num relacionamento infeliz como por tê-lo terminado. Beber, usar drogas, comer demais, fazer viagens para se distrair, ter de substituir coisas (tanto suas quanto do outro) que foram quebradas nas crises de raiva, faltar ao trabalho, importuná-lo ou a alguém que você acha que vai entendê-la, presenteá-lo com coisas caras para reatar o relacionamento, presentear-se com coisas caras para esquecer, passar dias e noites chorando por ele, descuidar da saúde a ponto de ficar doente – a lista de maneiras com as quais você gastou tempo e dinheiro por conta de amar demais provavelmente é longa o suficiente para fazer com que você se sinta muito mal se olhar para tudo isso de forma honesta. A recuperação requer apenas que você queira investir pelo menos tudo aquilo que já gastou para se curar. E, como um investimento, você tem a garantia de receber dividendos gratificantes.

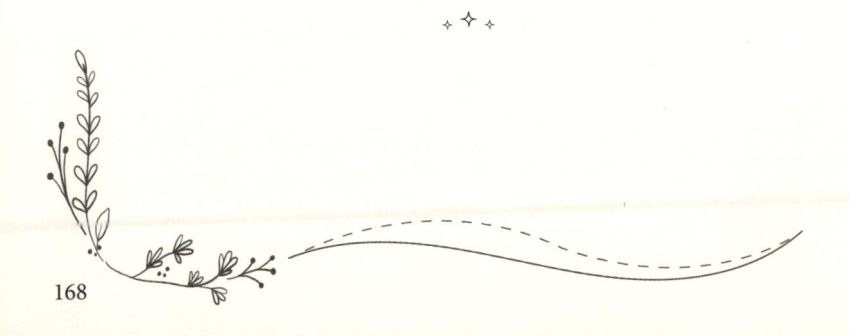

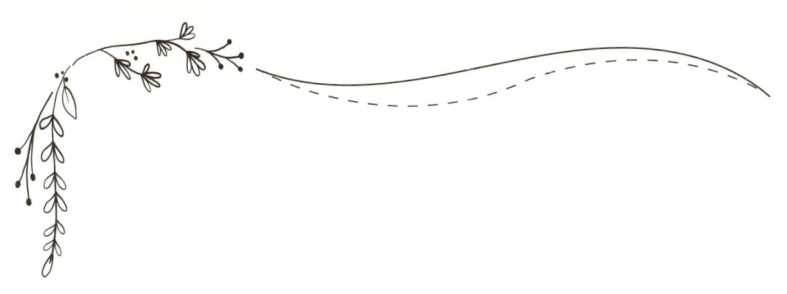

29 DE NOVEMBRO

Adquirimos o senso de individualidade a partir daquilo que fazemos por nós mesmos e de como desenvolvemos nossas aptidões. Se todos os seus esforços foram dedicados a ajudar o crescimento de outros, você está fadada a se sentir vazia. Comece a nutrir e desenvolver suas aptidões agora.

30 DE NOVEMBRO

Desenvolver sua espiritualidade significa basicamente *abandonar o egocentrismo*, a determinação de fazer as coisas acontecerem da forma que você acha que elas devem acontecer. Ao contrário, é preciso aceitar o fato de que não pode saber o que é melhor numa determinada situação tanto para você quanto para outra pessoa.

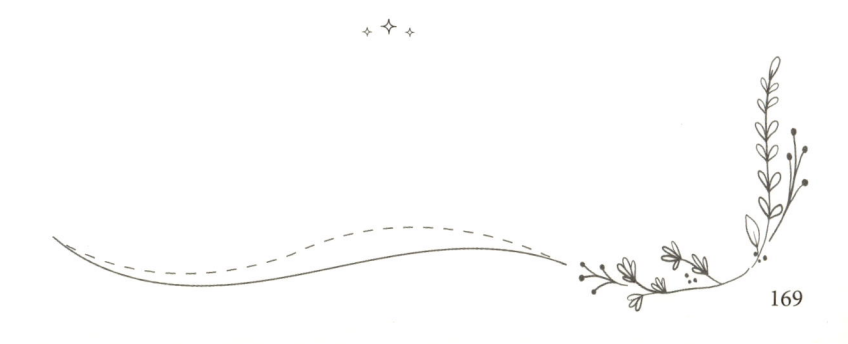

1º DE DEZEMBRO

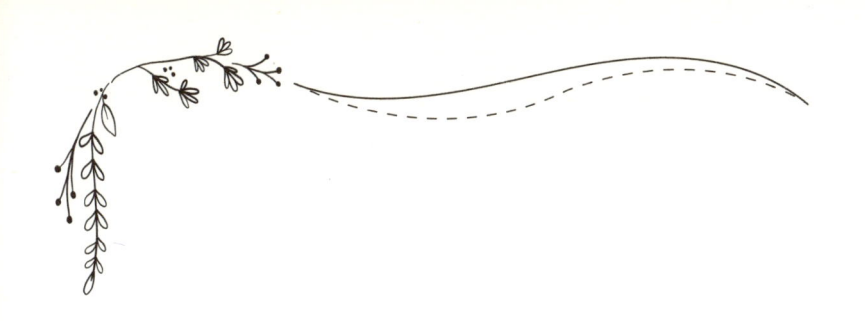

Um homem despreocupado e irresponsável é uma amizade charmosa, mas um fraco pretendente para um relacionamento satisfatório. Até que você se permita ser mais livre e feliz, vai precisar que ele crie a diversão e a emoção em sua vida.

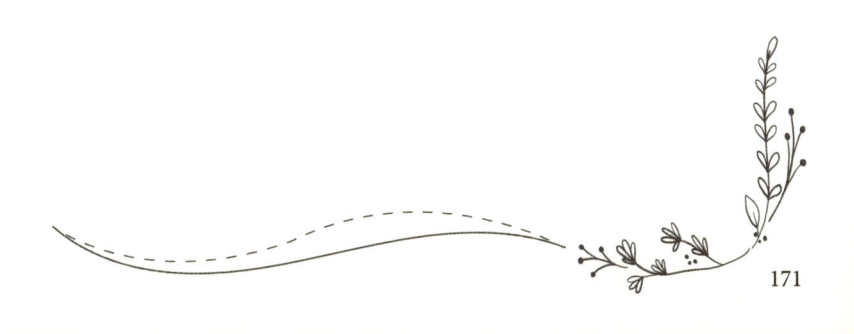

2 DE DEZEMBRO

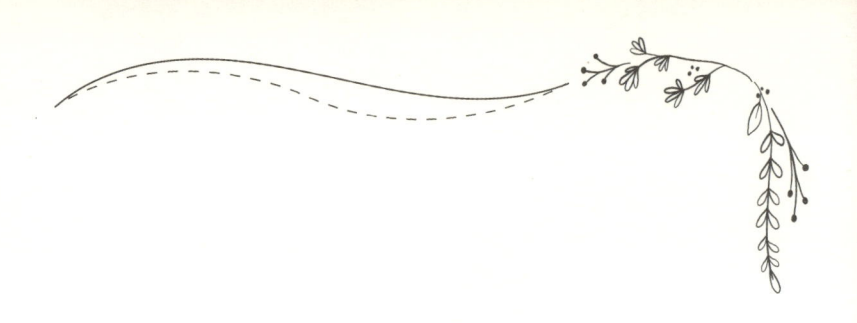

Ao desenvolver a sua espiritualidade, você ganha as ferramentas necessárias para procurar aquele alívio que não requer que manipule alguém para fazer ou ser aquilo que você quer. Ninguém precisa mudar para que você se sinta bem. Tendo acesso ao alimento espiritual, sua vida e sua felicidade ficam mais sob o seu controle e menos vulneráveis à ação dos outros.

3 DE DEZEMBRO

Quanto menos você necessita do outro, melhor parceira você se torna – e atrai pessoas mais saudáveis (e será atraída para elas).

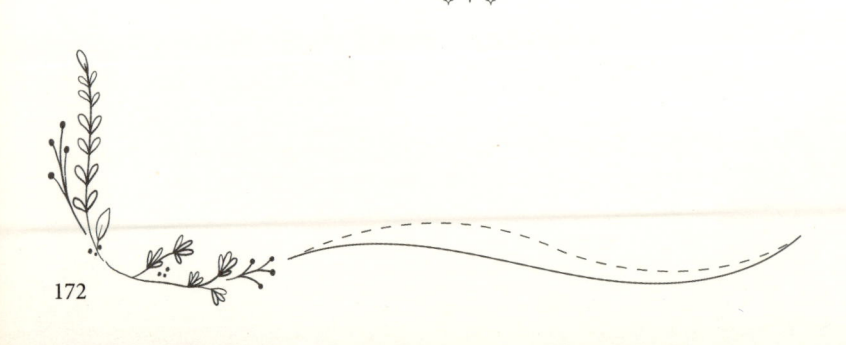

4 DE DEZEMBRO

As mudanças que você está fazendo em sua vida influenciam para que aqueles que estão à sua volta mudem também, e eles resistirão naturalmente. Mas, a não ser que você dê crédito à indignação deles, a resistência terá vida curta. Será somente uma tentativa de fazer você voltar para seu comportamento antigo e egoísta, para fazer por eles o que podem e devem fazer por si mesmos.

5 DE DEZEMBRO

Você deve escutar cuidadosamente a sua voz interior em relação ao que é bom e certo para si, e então segui-la. Essa é a forma de desenvolver um interesse pessoal saudável, ouvindo seus próprios desejos. Até agora você estava praticamente obcecada em captar os desejos dos outros sobre como eles acham que você deve se comportar. Desligue-se dessa ideia ou ela continuará a afundá-la.

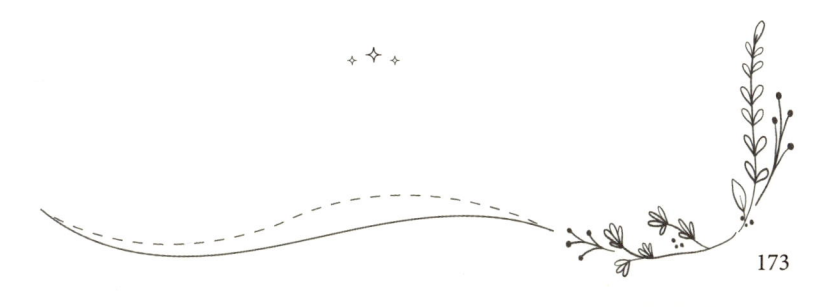

6 DE DEZEMBRO

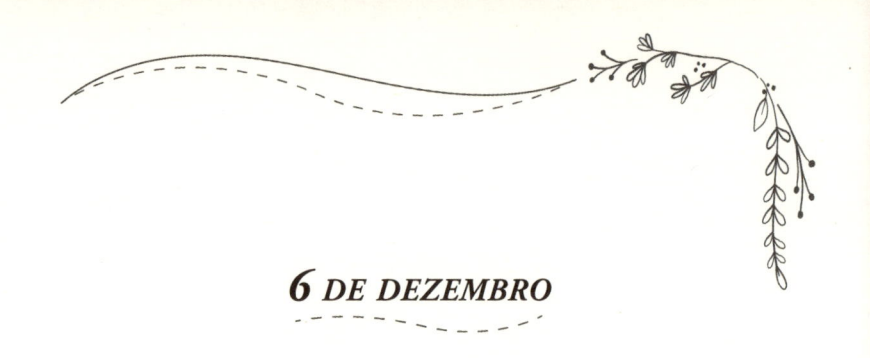

O desligamento, vital em sua recuperação, requer que você desvencilhe a sua individualidade dos sentimentos do outro e especialmente das ações e dos resultados alheios. Requer que você permita que ele lide com as consequências de seu comportamento, que você não o salve de *qualquer* dor. Você pode continuar a se *importar* com ele, mas não a *cuidar* dele. Deve permitir que encontre seu próprio caminho, assim como você está procurando o seu.

7 DE DEZEMBRO

Reconheça que seu valor é grande, que seus talentos são merecedores de expressão, que sua satisfação é tão importante quanto a de qualquer pessoa e que o melhor de si é o maior presente que tem a dar para o mundo como um todo e especificamente para os que lhe são mais próximos.

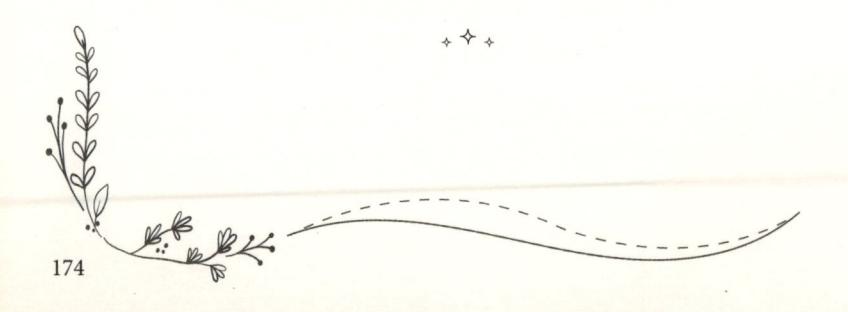

8 DE DEZEMBRO

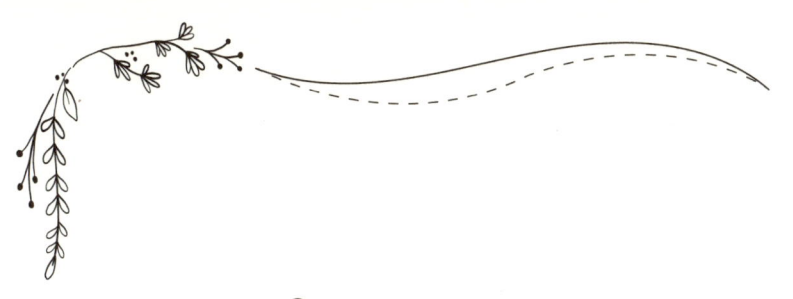

Quando você está realmente pronta para parar de manipular e controlar a pessoa amada, isso também significa que você deve parar de incentivá-la e exaltá-la. Por quê? Porque, cá para nós, você usou o elogio e o incentivo para fazer aquilo que queria, e assim eles devem estar entre as ferramentas que você usa para manipulá-la. Incentivo e elogio estão muito próximos de ambição, e, quando você usa isso, está tentando, mais uma vez, controlar a vida do outro. Pense no que a está levando a enaltecer alguma coisa que ele está fazendo. É para elevar a autoestima dele? Isso é manipulação. É assim que ele vai gostar? Isso é manipulação. É assim que ele vai continuar a se comportar da forma que você quer? Isso é manipulação. É assim que ele vai saber o quanto você se orgulha dele? Deve ser um fardo carregar tudo isso. Deixe-o desenvolver o orgulho por suas próprias realizações. Senão, você estará perigosamente perto de exercer o papel de mãe. Ele não precisa de outra mãe (não importa o quanto a dele o prejudicou!) e, pior, você não precisa transformá-lo em seu filho.

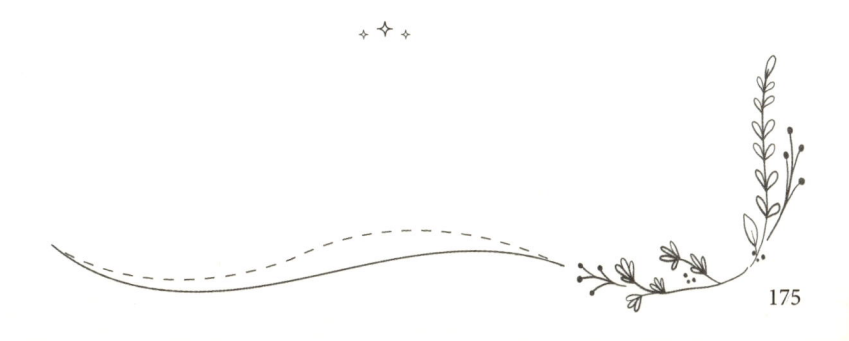

9 DE DEZEMBRO

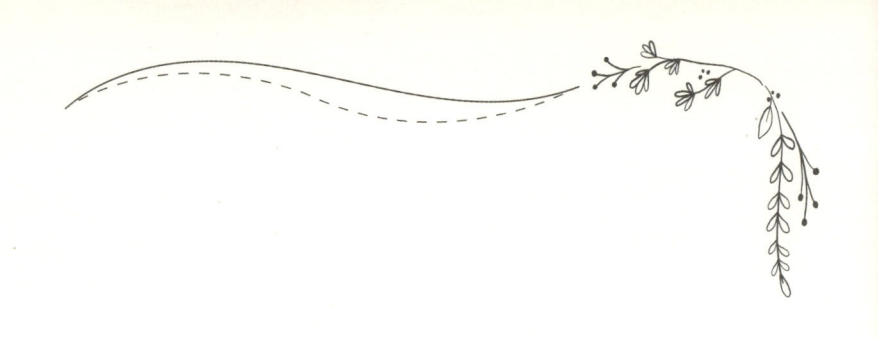

À medida que você fica mais capaz de se cuidar, verá que vai se sentir atraída por alguém capaz de cuidar de você. À medida que nos tornamos mais saudáveis e mais equilibradas, atraímos pessoas mais saudáveis e mais equilibradas. No momento em que nos tornamos menos necessitadas, a maioria das nossas necessidades é atendida. Assim que desistimos do papel de supereducadoras, abrimos espaço para que alguém cuide de nós.

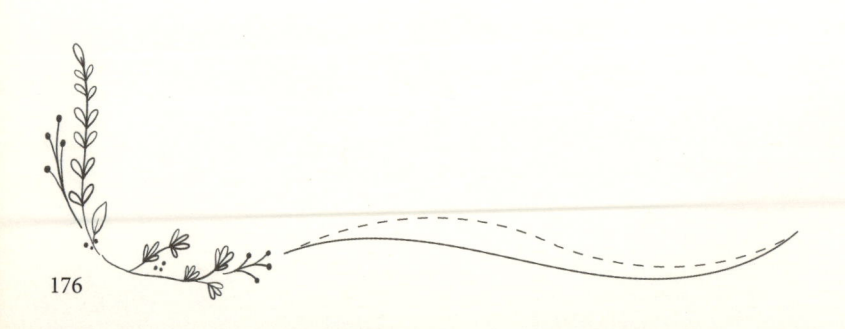

10 DE DEZEMBRO

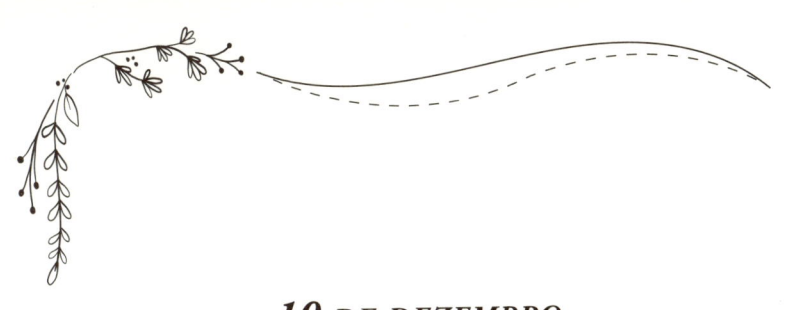

Há diversas fases no tratamento de recuperação para pessoas que amam demais. A primeira começa quando nos conscientizamos do que fazemos e desejamos parar. Logo após, nosso desejo de dar ajuda a nós mesmas, seguido de nosso real empenho inicial para garantir ajuda. Depois disso, entramos na fase de recuperação que requer nosso comprometimento com a cura e com o programa. Durante esse período, começamos a mudar a maneira de agir e sentir. O que era considerado normal e familiar passa a parecer desconfortável e pouco saudável. Entramos na fase seguinte da recuperação quando começamos a fazer as escolhas que não seguem mais os velhos padrões, mas que, ao contrário, enaltecem nossas vidas e promovem nosso bem-estar. Por meio dos passos da recuperação, o amor-próprio cresce lenta e constantemente. Primeiro paramos de nos detestar, depois ficamos mais tolerantes. Em seguida desabrocha a valorização de nossas boas qualidades e, então, a autoaceitação se desenvolve. Finalmente, surge o amor-próprio genuíno.

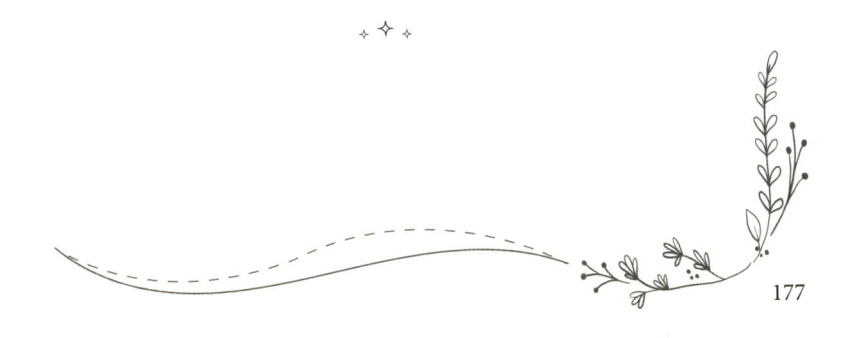

11 DE DEZEMBRO

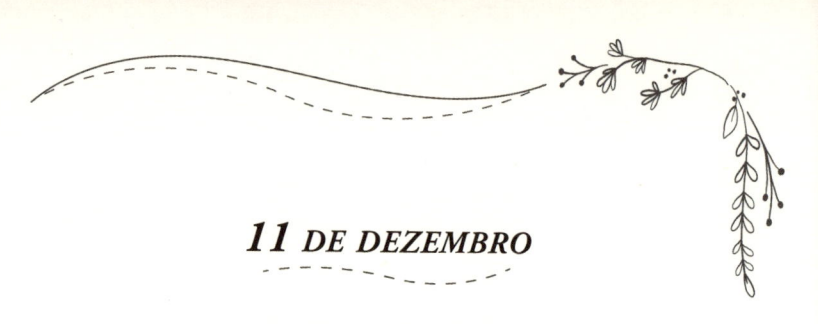

Não tem cabimento ser tão inteligente ou tão atraente ou tão charmosa ou tão bem-nascida ou tão rica ou tão bem-educada ou tão talentosa ou tão próspera a ponto de não amar demais.

Nenhuma dessas condições previne ou impede a dependência emocional ou qualquer outro tipo de vício.

12 DE DEZEMBRO

Quando nos recuperamos de amar demais, modificamos a maneira de nos relacionar com nossos pais e filhos. Com nossos pais, ficamos menos necessitadas, menos aborrecidas e, quase sempre, menos ingratas também. Nós nos tornamos muito mais honestas, em geral mais tolerantes e às vezes mais genuinamente amorosas. Com nossos filhos, nos tornamos menos controladoras, menos preocupadas e menos culpadas. Relaxamos e aproveitamos mais a companhia deles porque somos capazes de relaxar e aproveitar o máximo de nós mesmas. À medida que sentimos maior liberdade para perseguir nossas próprias necessidades e interesses, eles ficam livres para fazer o mesmo.

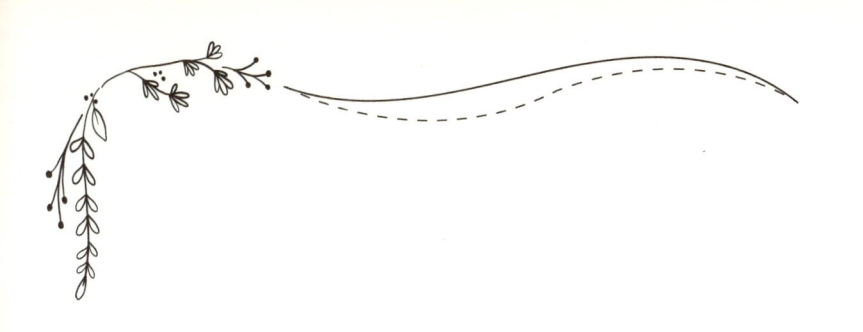

13 DE DEZEMBRO

Quando paramos de amar demais, os amigos com quem podíamos desabafar eternamente talvez não nos procurem agora que não estamos mais obsessivas e infelizes. A infelicidade mútua como critério para uma amizade é trocada por interesses mais compensatórios. Então, o que normalmente acontece na recuperação é que, assim como pretendentes amorosos mudam, o mesmo ocorre em nosso círculo de amizades.

✧

14 DE DEZEMBRO

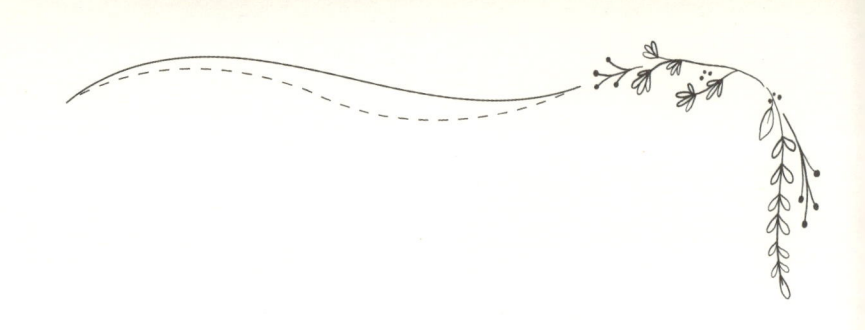

Não importa o quanto nos tornamos abertas, compreensivas e genuinamente amorosas através da recuperação; existirão sempre aqueles cuja raiva, hostilidade e agressividade nos inibirão de ser tudo aquilo na presença deles. Ser vulnerável com eles é ser masoquista. No entanto, diminuir nossos limites e eventualmente eliminá-los deve acontecer somente com pessoas – amigos, parentes ou amantes – com quem temos um relacionamento baseado em confiança, amor, respeito e reverência por nossa terna e compartilhada humanidade.

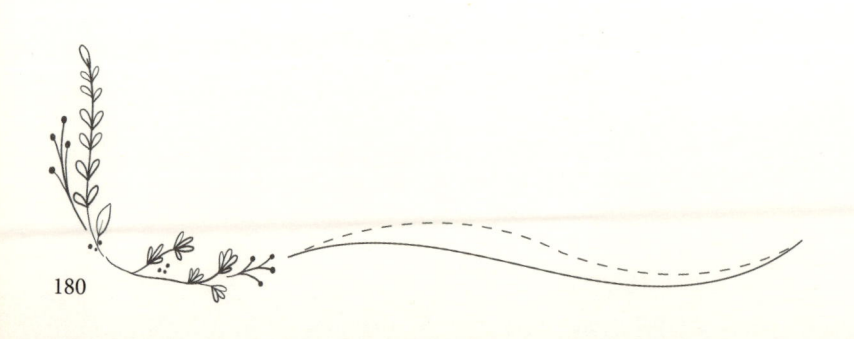

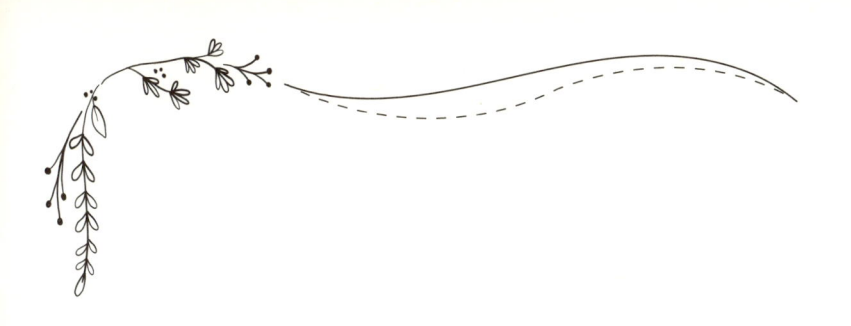

15 DE DEZEMBRO

Se o que fizemos durante todo esse tempo realmente tivesse funcionado, não teríamos necessidade de recuperação.

16 DE DEZEMBRO

Não temos nada a perder quando começamos um tratamento de recuperação. Ainda estamos suportando níveis alarmantes de dor com nenhuma probabilidade de alívio a não ser que a gente mude. O que nos segura é o medo do desconhecido.

Não deixe que o medo de abandonar tudo aquilo que você conhece e já fez a impeça de se transformar em uma pessoa muito mais saudável, superior e realmente mais amorosa.

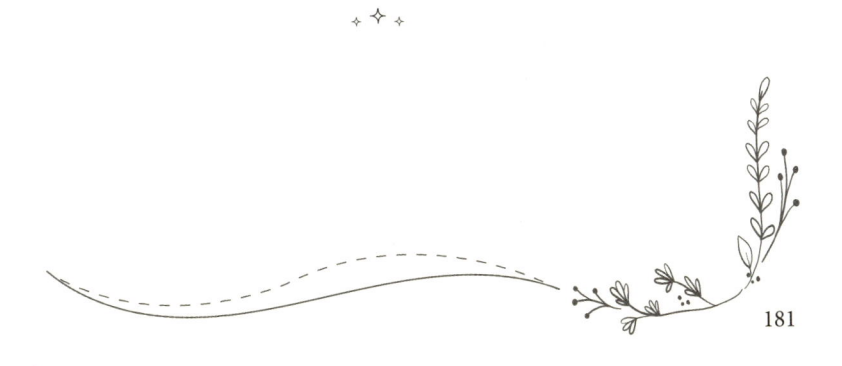

17 DE DEZEMBRO

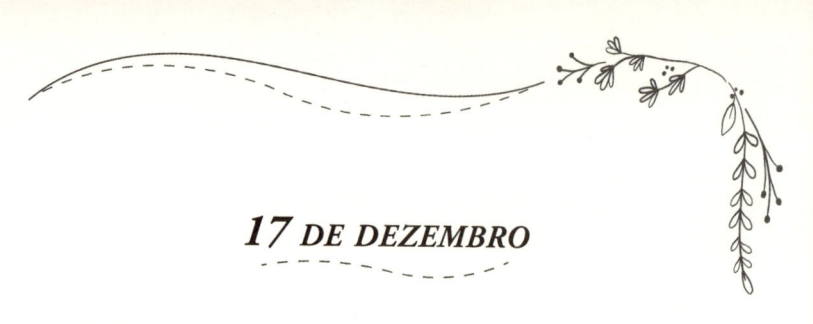

A recuperação se inicia quando começamos a querer canalizar a energia e o esforço gastos na nossa doença para a recuperação.

18 DE DEZEMBRO

Se amamos demais, aqueles que procuramos geralmente têm problemas. Eles não precisam necessariamente ser pobres ou ter uma saúde debilitada. Talvez tenham dificuldades de se comunicar bem com outras pessoas, ou sejam frios e pouco afetuosos, ou teimosos ou egoístas ou mal-humorados ou melancólicos. Podem ser um pouco arredios e irresponsáveis ou incapazes de se comprometer e ser fiéis. Ou talvez eles nos digam que nunca foram capazes de amar alguém. Dependendo das nossas experiências do passado, vamos responder a diferentes variedades de necessidades. Mas vamos responder com a convicção de que essas pessoas precisam da nossa ajuda, da nossa compaixão e da nossa sabedoria para melhorar suas vidas.

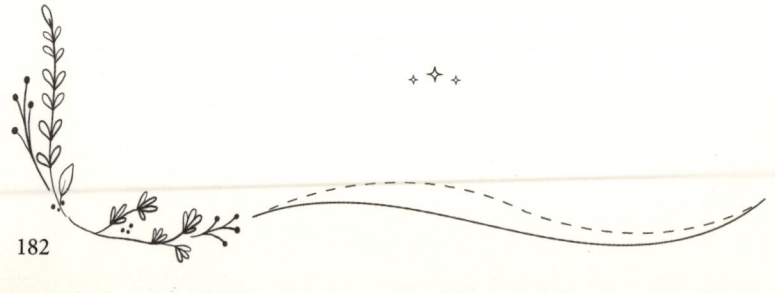

19 DE DEZEMBRO

Quando a maioria de nossas conversas com amigos íntimos é sobre o outro, seus problemas, seus pensamentos, seus sentimentos, e quase sempre nossas frases começam com "ele...", estamos amando demais.

20 DE DEZEMBRO

Se alguma coisa não vai bem com você, também não vai bem com mais ninguém.

21 DE DEZEMBRO

Quando estamos sozinhas e perdidas, não ansiamos apenas por companhia, mas por nossa própria espécie. Os mais profundos e poderosos tipos de cura que estão à nossa disposição são os grupos compostos de pessoas dedicadas a falar honestamente umas com as outras sobre um problema comum e se acompanharem de acordo com regras simples e princípios espirituais.

22 DE DEZEMBRO

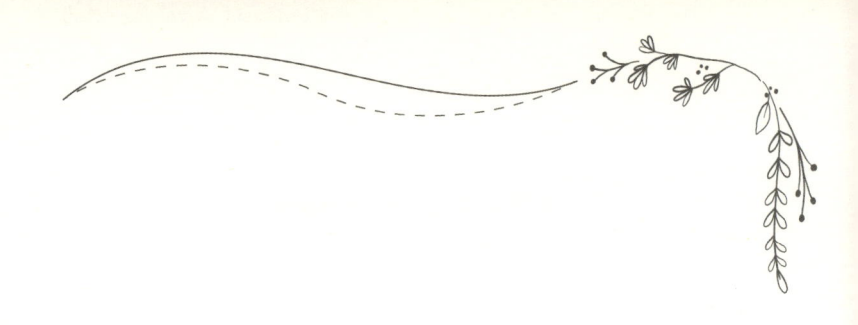

Uma grande forma de amor é permitir que aquela pessoa de quem gostamos profundamente sofra as consequências de seu comportamento e aprenda com elas.

23 DE DEZEMBRO

Compreenda que, no relacionamento dependente, as recaídas são inevitáveis e, de início, muitas vezes desencorajadoras. Os dias em que não praticamos a dependência emocional são, para nós, tanto um presente inestimável quanto um ganho espetacular.

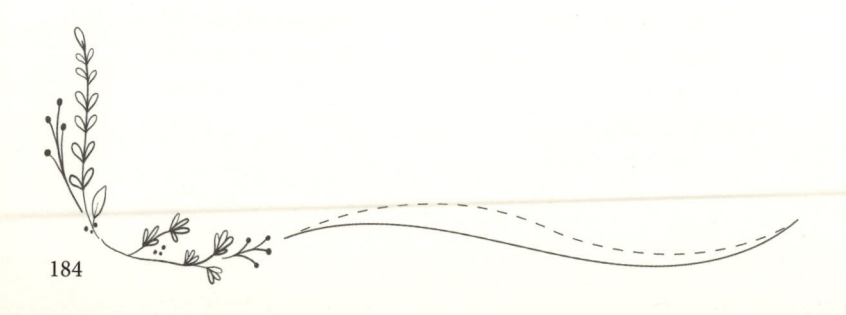

24 DE DEZEMBRO

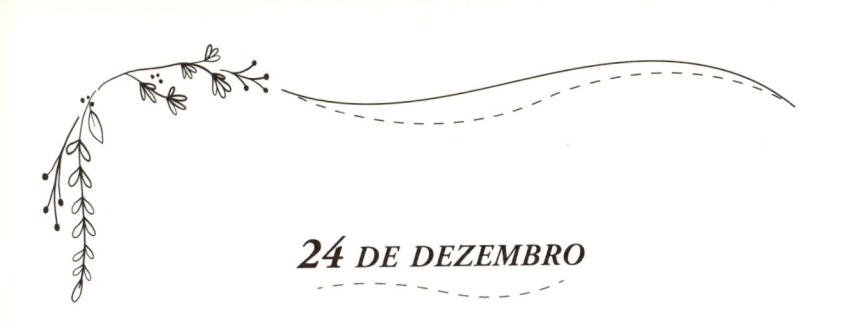

Assim que a autoaceitação e o amor-próprio começam a se desenvolver e se firmar, estamos prontas para a prática consciente de sermos nós mesmas sem tentar agradar, sem representar de maneiras calculadas para ganhar a aprovação e o amor alheios. Mas a dificuldade e uma sensação de grande vulnerabilidade tomam conta de nós quando estamos justamente *sendo* mais do que *fazendo*, e parar de representar dá a sensação, a princípio, de paralisia. Finalmente, com o tempo, nossos impulsos amorosos *genuínos* têm a chance de ser ouvidos e sentidos e então fazer valer os seus direitos.

25 DE DEZEMBRO

Para começar um tratamento de recuperação com vontade, primeiro aprenda a *ficar* tranquila.

Depois aprenda a *ser* tranquila.

Quando você conseguir ouvir e sentir e saber o que é a *tranquilidade*, poderá ouvir e sentir e conhecer Deus.

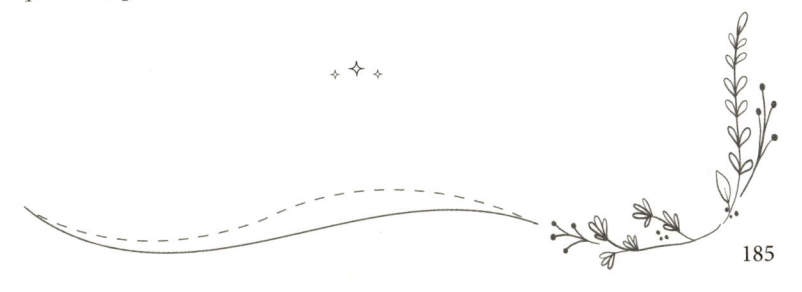

26 DE DEZEMBRO

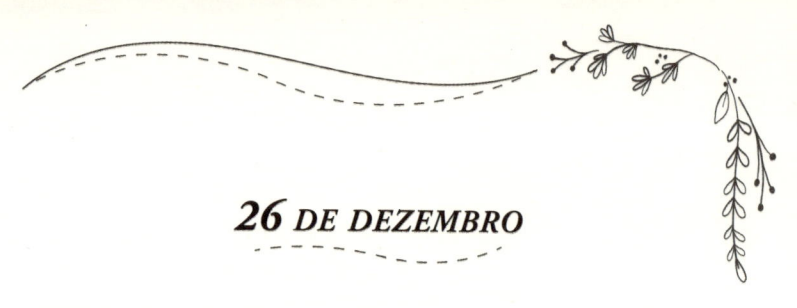

O humor é uma das grandes características da recuperação. Quando achamos divertidos alguns aspectos da nossa vida que costumavam provocar lágrimas, raiva ou desespero, certamente estamos a caminho de uma abordagem mais saudável da vida.

Provavelmente é verdade, para nós, que a genuína recuperação requer humor, e que o genuíno humor requer recuperação.

27 DE DEZEMBRO

Assumir responsabilidade por si mesma e por sua felicidade propicia grande liberdade aos filhos que se sentiram culpados e responsáveis por sua infelicidade (o que eles sempre sentem). Uma criança nunca pode esperar equilibrar a balança ou pagar a dívida quando seu pai ou sua mãe sacrificou a vida por ela ou pela família. Ver o pai ou a mãe abraçar plenamente a vida dá aos filhos permissão para fazer o mesmo, da mesma forma que ver o pai ou a mãe sofrer indica a eles que viver é sofrer.

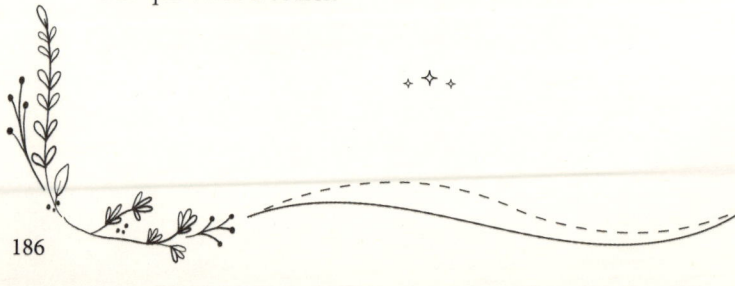

28 DE DEZEMBRO

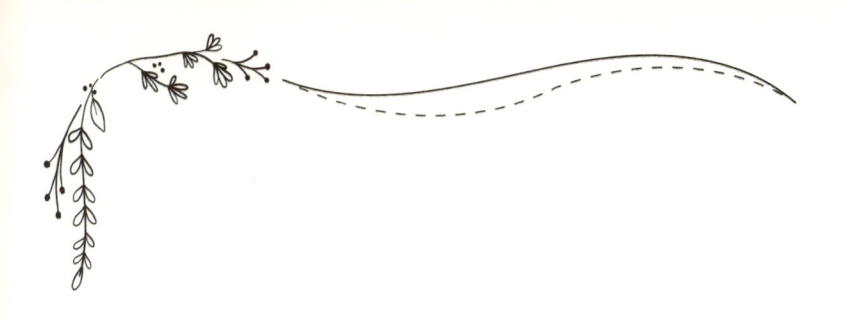

A recuperação exige que você mude, mas tentar mudar demais, com muito rigor e velocidade, pode garantir que você jamais mude de verdade.

Quando você reza pedindo ajuda para mudar, reze também para ser capaz de esperar pacientemente enquanto a mudança está ocorrendo.

29 DE DEZEMBRO

Os acontecimentos que se desenrolam na vida podem ser bem-vindos ou não; só podemos perceber se são felizes ou infelizes com o correr do tempo.

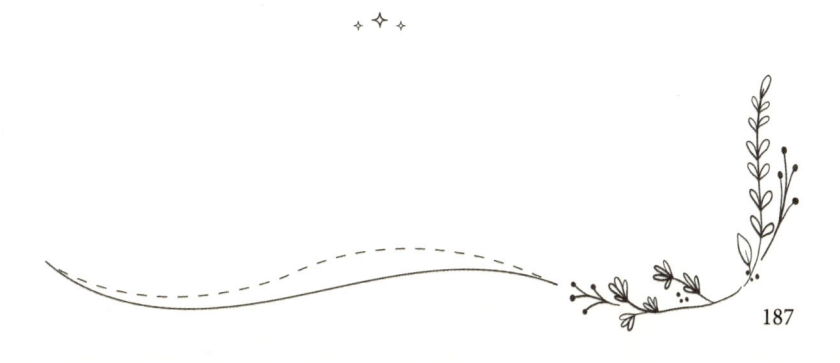

30 DE DEZEMBRO

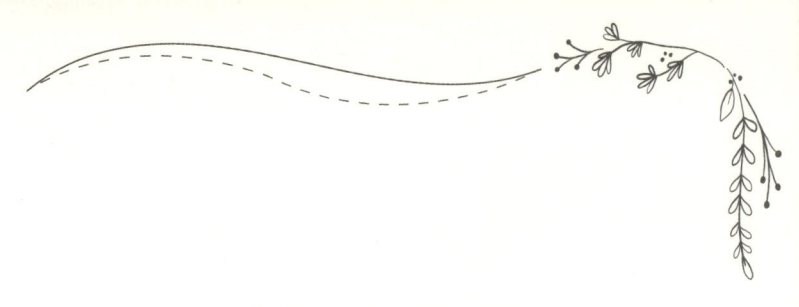

*E*mbora muitas mulheres que estão lendo este livro possam ter em comum a tendência a amar demais, não obstante cada uma de nós tem seu padrão particular de fazê-lo.

Como pistas para descobrir seu estilo pessoal, considere os temas comuns definidos em seu romance favorito, seu filme favorito, sua música favorita, seu poema, conto de fadas etc. Juntos, eles provavelmente vão lhe fornecer um insight sobre sua forma de administrar o ofício de viver e amar – demais.

31 DE DEZEMBRO

*S*e você está no caminho da verdadeira recuperação de amar demais, saiba que sua existência é um milagre.

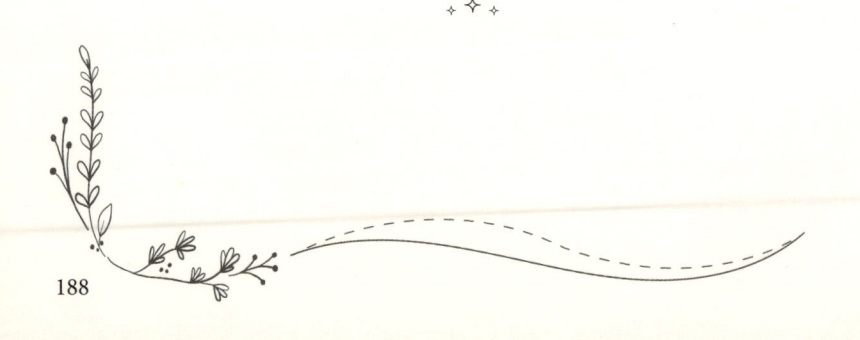

Robin Norwood é escritora, conselheira matrimonial e psicoterapeuta familiar e infantil, especializada no tratamento de alcoólatras e toxicômanos e suas famílias, além de dar conferências sobre relacionamentos e dependências. Dela, a Rocco também publicou o best-seller internacional *Mulheres que amam demais*.

Uma das pioneiras no estudo e na definição do conceito de relações codependentes, Norwood ajudou a moldar uma geração inteira de mulheres no que tange relacionamentos. Estudando traumas de infância e seus desdobramentos na vida adulta, a autora indica um caminho possível para quem se vê repetidas vezes envolvendo-se com pessoas frias, distantes, manipuladoras e até mesmo abusivas. Ela acredita no poder da terapia, de grupos de apoio e principalmente da fé para construir relacionamentos mais saudáveis e satisfatórios.

Norwood mora em um rancho com o marido em Santa Bárbara, na Califórnia.

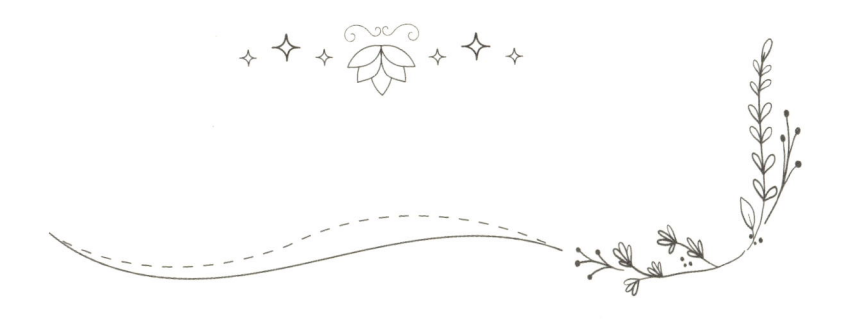

Impressão e Acabamento:
EDITORA JPA LTDA.